真説・企業論
ビジネススクールが教えない経営学

中野剛志

JN177705

講談社現代新書

2425

目　次

はじめに

突然ですが、あなたのお勤めの会社で、入社三、四年目の若い部下が「起業してイノベーションを起こしたいから、会社を辞めます」と言い出したら、あなたは上司として何と言いますか？　あるいは、あなたの大学生のご子息が「親父、俺、普通に就職しないで、仲間とベンチャー企業を起こそうと思う」と言い出したら、あなたは親として、どう答えますか？

「起業はリスクが高いと思うけれど、敢えてリスクに挑戦するというのは立派な志だ。そういうチャレンジ精神がなければ、イノベーションは起きず、経済も成長しない。是非、頑張りたまえ」と背中を押してあげますか？　それとも反対に「起業なんて危なっかしいことはやめて、もっと堅実に働きなさい」とお説教をするでしょうか？

私は国家公務員を二〇年ほど勤めていますが、実は、私にも、若い部下が突然「ベンチャー企業でイノベーションを起こしたい」と言って辞めてしまったという経験があります。見どころのある青年だったので、私としては、できれば辞めてほしくはなかったのですが、結局、その時は、説得することはできませんでした。

アメリカでは、シリコンバレーのように、若者がリスクをとってベンチャー企業を次々と起こし、イノベーションを生み出している。それに比べて、日本では、リスクをとってイノベーションを起こすベンチャー企業が出ない。だから日本経済は長く低迷しているのだ。

久しくこのように言われてきました。ほかならぬ日本政府も、そう言っているのですから、私ごときが部下を説得できなかったのも当然の成り行きでした。

ただ私は、彼の説得に失敗したことをきっかけにして、ベンチャー企業やイノベーションについて、それ以前よりも気になるようになりました。そこで、データや研究書、あるいはベンチャー・キャピタリストやコンサルタントなどの証言などについて、特にベンチャー企業の本場であるアメリカに関するものを中心にして調べてみました。

その結果、アメリカのベンチャー企業やイノベーションに関する「恐るべき実態」が明らかになったのです。世の中で言われているベンチャー企業論、信じられているイノベーション論が音を立てて崩れ去り、あれらはいったい何だったのかと愕然としました。しかも、このベンチャー企業とイノベーションを巡る俗説には、非常に「根の深い問題」がひそんでいたことも、浮き彫りになりました。

本書は、その「恐るべき実態」と「根の深い問題」について解説したものです。なお、本書は私個人の見解であって、政府の見解ではないことを、あらかじめお断りしておきます。

私は、是非、起業を希望する若者に読んでもらいたいと願って、この本を書きました。もっとも、起業するのなんか止めて欲しいから、というのではありません。そうではなくて、起業家になるのであれ何であれ、最低限、自分がなろうとしているものについて正確に知っておくべきだと思うからです。

そもそも、事前にビジネスに関する正確なリサーチをする能力がなければ、起業家としての成功などおぼつかないでしょう。とりわけイノベーションには、他の人が考えなかったことを思いつく能力が必要とされます。しかし、世間に流布する一般的なベンチャー企業論を鵜呑みにしているような精神では、イノベーションなど無理というものです。

だから、起業を希望する方には、是非、本書を手に取っていただきたいと切に願います。そして、本書が明らかにする「恐るべき実態」と「根の深い問題」について、思いを巡らせていただきたい。

その上で起業するのか否か、それはもちろん、あなた自身が決めることです。

第一章　日本でベンチャー企業を増やすには

あるコンサルタントの提言

「アメリカでは、シリコンバレーに代表されるように、ベンチャー企業がどんどん起業してイノベーションを起こしているのに、日本ではそういうベンチャー企業の起きやすい環境になっていない」

こういった話は、これまで何度も語られてきました。シリコンバレーを訪問する政治家、経済官僚、ビジネスマン、あるいはジャーナリストは後を絶たず、ビジネス雑誌や新聞の経済面、あるいは政府やシンクタンクのレポートには、起業が難しい日本の経済経営システムに対する批判や日本経済の改革案がしょっちゅう登場します。

こういった風潮は、かれこれ二〇年以上も続いてきたように思います。それなのに、未だに日本は、シリコンバレーのようにはなっていない。それは、なぜなのでしょうか？何が間違っていたのでしょうか？

この問題を考えるにあたって、まずは、インターネットで簡単に入手できる論説を出発点にして、いろいろ考察することにしましょう。

さっそく検索してみると、「『ＳＸＳＷ　２０１４』で感じた日米の差――米国の優れた起業・イノベーション環境と日本の挽回策を整理する」という記事がヒットしました。タイトルからして、議論の出発点としてはうってつけです。ちなみにSXSWというのは、大企業からベンチャー企業までの一五社によるトレードショウのことです。

この記事を書いたのは、赤羽《あかば》雄二氏。プロフィールを見ると、一九七八年に東京大学工学部を卒業後、小松製作所に入社し、企業派遣で一九八三年から八五年にスタンフォード大学大学院に留学し、機械工学修士・修士上級課程を修了しています。一九八六年には、世界的コンサルティング会社マッキンゼーに入社し、数々のコンサルティング業務に関わっています。二〇〇〇年には、シリコンバレーのベンチャー・キャピタル「テックファーム」に入社し、二年後には独立して「ブレークスルーパートナーズ株式会社」を創業し、ベンチャー企業の支援を行っています。

コンサルタントやベンチャー・キャピタリストとしての豊富な経験をもっている方のようです。この他にも、経済産業省「産業競争力と知的財産を考える研究会」、総務省「ITベンチャー研究会」「ICTベンチャーの人材確保の在り方に関する研究会」の委員を歴任し、東京大学、電気通信大学、北陸先端科学技術大学院大学で講師等もつとめておられます。

こうしたプロフィールから察するに、赤羽氏はアメリカのベンチャー事情に詳しいだけではなく、政府の研究会の委員や大学の講師にも選ばれていることからも分かるように、わりと主流の意見に近い見解の持ち主ではないかと思われます。

というわけで、まずはこの論考をたたき台にして、議論を始めましょう。

アメリカの国家戦略？

赤羽氏は、アメリカのベンチャー企業やイノベーションの隆盛は、一九八〇年代の国家戦略によるものだと述べています。

一九八〇年代、日本企業が競争力をつけてアメリカの製造業を脅かすようになりました。その結果、大幅な貿易赤字を抱えることとなったアメリカは、競争力の挽回に向けてさまざまな取り組みを開始しました。

そのうちの一つが1985年に出された「ヤング・レポート」である。なぜ日本が優れているのか、どうやって勝つべきか、官民一体となって競争力強化の研究をした。それを受け、米国は、国家戦略として科学技術・イノベーション政策の強化を打ち出した。

台湾・中国・インド・ベトナム等のアジアをはじめ、イスラエル、ロシア等からの優秀な人材の流入を増やし、大学でのコンピュータ学科を強化し、小学校からの科学技術振興を進め、規制緩和を進めた結果、有望なベンチャー企業が続々と生まれ、出資を受け、成長するイノベーション環境が形成された。

ベンチャー企業の上場、高額での売却が続いたことで、巨額の資金を手にした起業家が再度起業したり、エンジェル投資家となったりして次世代起業家を育てる、という好循環が始まった。

（中略）

シリコンバレーの人口構成を見ると、中国・インドなどアジア系が30％、ヒスパニック系が27％であり、ＩＴ系企業の中核人材の多くを海外からの人材が占めている。彼らの子息や新たな留学生など最優秀な人材がスタンフォード大学、ＭＩＴ等の全米トップスクールに行き、グーグル、アップル、Ｆａｃｅｂｏｏｋ等の成長中の世界的企業に入社して数年後に起業したり、直接起業したりして、再生産を加速している。

このように、一九八〇年代のアメリカの国家戦略がベンチャー企業とイノベーションの隆盛をもたらしたと論じます。その国家戦略のポイントは、教育政策と規制緩和であり、さらに外国から優秀な人材を取り込んだことにあると言うのです。ですから、彼が提案する「日本の挽回策」もまた、おのずとアメリカの国家戦略にならったものとなります。

以上を鑑みると、1980年代に米国政府が真摯な姿勢で取り組んだように、ゼロベースで競争力向上策を立案し、種々の反対を押し切って実行することが日本にとって待ったなしの状況になったと思われる。
日本の国際的競争力の低下とイノベーションの困難さを直視し、学校を改革し、規制緩和と政治・省庁改革を進め、企業経営の改革を進め、起業促進をすることが必要だ。

赤羽氏の提案する「日本の挽回策」は多岐にわたっていますので、詳細について興味がある方は、記事に直接あたってみてください。ここでは、特に論点になりそうなものについてだけ、丸めて例示しておきましょう。

・小学校から大学院までの、ＩＴ教育、科学・技術・イノベーション教育、英語実戦力の抜本的強化
・学校制度の根本的見直し（入学がやさしく卒業がむずかしい制度に）
・外国人留学生の10倍増、就職・生活支援（外国人留学生への敷居を下げる）
・米国・アジアへの留学生を10倍増（期間は半年〜2年）
・社外取締役機能の強化（社長への牽制・助言機能の強化）
・余剰人員の再活性化、流動化（お荷物から事業貢献へ）
・外国人の大幅登用（グローバル人事制度の導入、英語公用語化の促進）
・外国人の日本での起業を今の10倍以上に拡大（優遇制度の導入・強化）
・起業促進、特に大企業の技術者・研究者、40代以上、女性の起業を10倍に

ところで、この「日本の挽回策」の中には、「大企業の技術者・研究者」による起業の促進とあります。なぜ大企業の人材による起業促進が挙げられているのでしょうか。

それは、彼が「高度な技術力を競争優位性とするハイテクベンチャーの起業と新事業創

造を大幅に促進するためには、日本の強みである製造大企業・中堅企業が鍵になる。製造大企業・中堅企業には膨大な技術シーズと人材が埋もれており、活用次第で大変な力を発揮できる」と考えているからです。

「米国やアジア諸国であればとっくに起業し大成功できる人材も、多くが日々不満をもらしつつ、親方日の丸にしがみついているのではないか」と赤羽氏は嘆息しています。もしこれが本当だとすると、日本の大企業というところは、人材の墓場になっており、日本の起業やイノベーションの阻害要因になっているという恐ろしい話になります。

赤羽氏はこの他にも、いろいろな提言を披露した上で、記事を次のように締めくくっています。

> 道路一本作ることをやめると十分お釣りが来るほどで、決して費用がかかる話ではない。ただ、起業率を上げるべきだ、イノベーションをもっと起こすべきだと言っていても、具体的な話になると、なぜベンチャーを支援するのか、なぜ大企業のイノベーションを支援するのか、なぜ外国人の起業を支援するのか、といった反対意見が必ず出てくる。

他国では当然のように行われているベンチャー・イノベーションへの資源の重点配分、重点施策が非常に通りにくい。政治家も官僚も先進事例はかなりよく勉強していて結構わかっているのに、押し通すことができないのが本当にもったいない。日本人は自分の頭で考え、発言し、行動できない、というまさにその問題だ。

やるべきことは分かっている。けれども、勇気をもって実行することができない。そこに日本の問題の本質がある。だから「種々の反対を押し切って実行することが日本にとって待ったなしの状況」だ。もう議論をする段階は、終わった。あとは実行するのみ。

こういうことのようです。

自分の頭で考える

さて、この議論をどう考えればよいのでしょうか。

私の印象では、赤羽氏の主張は、ここ二〇年ほどの間流行し、現在も根強い構造改革論の典型であるように思われます。また、彼の議論におおむね納得するビジネスマンや政治家あるいは官僚も少なくないでしょう。だから、赤羽氏は政府の研究会にも招かれているのです。

しかし、私は、この議論は根本的な間違いをいくつも犯していると感じました。

ただし、あらかじめ断っておきますが、私はベンチャー企業を起業したこともなければ、支援したこともありません。それどころか、企業経営すらやったことはありません。シリコンバレーには行ったこともありません。もっとも、私に限らず、そういう読者は多いでしょう。

これに対して赤羽氏は、コンサルティングやベンチャー支援の経験が豊富で、シリコンバレーのベンチャー・キャピタルにいたこともある人物です。したがって、プロである彼の議論に対して、素人の私たちがその是非を判断することなど、とてもできないように思いがちです。

しかし、プロの意見だからといって鵜呑みにしたり、怖気づいて批判をやめたりするようでは、思考停止のそしりをまぬがれません。

赤羽氏は「日本人は自分の頭で考え、発言し、行動できない、というまさにその問題だ」と述べていますが、日本人だけに限った話であるかどうかは別にして、自分の頭で考えないというのは、確かに問題です。

そこでまずは、彼の議論をもう一度、批判的に読み直し、直観的あるいは常識的におかしいと思うところを抽出してみましょう。そして、その上で、ベンチャー企業に関する他の研究を参考にして、何が正しいのかを探ってみることとしましょう。

まず、この議論の中で、直観的・常識的に考えて腑に落ちないのは、どこか。ぱっと思いつくだけでも、次のような疑問や批判があり得ます。

①ベンチャー企業を増やしたいのか、イノベーションを促進したいのか

一般に、ベンチャー企業について論じられる際、ベンチャー企業を振興することは、イノベーションを促進することと同じだという暗黙の前提があるように思います。

赤羽氏も、そういう前提で議論を進めています。

確かに、ベンチャー企業がイノベーションの主な担い手であるならば、ベンチャー企業の振興はイノベーションの促進になるでしょう。しかし、果たして、そう言い切れるのでしょうか。

ベンチャー企業がイノベーションの担い手であるのかどうかは、次章以降、さまざまな研究を参照して検証しますが、ここでは、彼が、日本には「製造大企業・中堅企業には膨

大な技術シーズと人材が埋もれて」いると述べている点に注目したいと思います。

何が言いたいのかというと、日本の製造大企業・中堅企業には膨大な技術シーズと人材が埋もれているということは、裏を返せば、技術シーズのイノベーションの担い手は製造大企業・中堅企業だということです。

赤羽氏は、製造大企業・中堅企業の中の技術シーズや人材を外に出して、それをもとにしてベンチャー企業を創業したらよいと提案します。

それは、その通りかもしれません。しかし、注意すべきは、この場合、技術シーズのイノベーションを行ったのは、あくまで製造大企業・中堅企業であって、ベンチャー企業はその技術シーズをビジネスにしただけだということです。

一般に「イノベーション」とは、技術シーズを生み出すところから、それを事業化することまでの過程全体を指します。ベンチャー企業は「イノベーション」というよりはむしろ、イノベーションの一部である「事業化」を担っているということです。

技術シーズの事業化を促進したいのであれば、ベンチャー企業の振興もよいのかもしれません。国を豊かにするためには、事業化ももちろん大事です。しかし、事業化の振興は、技術シーズの創出の促進ではないということは、はっきりさせておくべきでしょう。

ちなみに、仮に特許出願数を技術シーズの指標とすると、日本の全特許出願数に占める中小企業・個人の比率は、だいたい一五パーセント程度です。技術シーズのイノベーションの主な担い手は、確かに大企業なのです。

ただし、特許出願される発明は玉石混交です。もしかしたら、日本の大企業は、イノベーションにはつながらないような質の悪い発明を量産しているのかもしれません。

こうした観点から、トムソン・ロイター社は、『Ｔｏｐ１００グローバル・イノベーター』と称して、保有する特許データを基に特許の動向を分析し、特許の質も考慮した上で、世界の革新企業・機関トップ１００を選出しています。二〇一五年、第五回目の分析の結果、日本企業の選出はアメリカ企業を二年連続で抜き、世界最多の四〇社となりました。(1)

この結果が示しているのは、ベンチャー企業大国とされるアメリカよりも、日本の方が技術シーズの創出が盛んだということです。しかも、日米の人口比や市場規模の比を考慮するならば、日本企業がアメリカ企業を抜いて、トップ１００のうち四割を占めているというのは、日本のイノベーションの力はまさに世界に冠たるものがあると言ってよいでしょう。

もっとも、特許発明をイノベーションの指標にするのは、適切ではないかもしれません。というのも、特許発明は「技術シーズ」の指標としては有効ですが、すでに述べたように、「技術シーズ」が生み出されても、それが事業化にまで至らなければ、イノベーションとは言えないからです。赤羽氏も、日本の製造大企業には膨大な技術シーズが埋もれているが、それが活かされていないと指摘しています。

日本の大企業が技術シーズを活用できていないというのは本当かどうか、これについては第四章で検証します。

とりあえず、ここでは、赤羽氏が、技術シーズがベンチャー企業から生まれているのかどうかをはっきりさせずに、ベンチャー企業の振興はイノベーションの促進になると短絡的に論じている点を押さえておきましょう。

②なぜ、シリコンバレーだけなのか

赤羽氏によれば、アメリカは一九八〇年代に国家戦略を断行し、これによりベンチャー企業が次々と生まれ、イノベーションを起こす好循環の環境を作り上げたということになっています。

もしそうだとするならば、ベンチャー企業はシリコンバレーに限らず、アメリカ全土で叢生していそうなものです。しかし、実際には、アメリカでも、イノベーティブなＩＴベンチャー企業が次々に登場する例として耳にするのは、ほとんどシリコンバレーについての話です。それは、なぜなのでしょうか？

もし、ベンチャー企業が次々と生まれる環境がアメリカでもシリコンバレーに限られるのだとすると、アメリカの国家戦略は、どうして地域限定の効果しか生まなかったのかが疑問です。それに、シリコンバレーという特異な一地域と、日本という国家を比較して、日本がシリコンバレーのようになっていないと嘆くのは、いささかバランスを欠いてはいないでしょうか。

言い換えれば、アメリカだって国家レベルでシリコンバレーのようになっているわけではないのですから、日本の教育制度や企業経営を全国的に改革してシリコンバレーのようにしようという「日本の挽回策」は、無理な話なのではないでしょうか。

「ならば、一地域でいいから、日本にシリコンバレーのようなところを創ってみればいいではないか」という意見もあるかもしれません。

しかし、そのためには、なぜシリコンバレーだけが特別なのか、なぜアメリカの他の地域にはシリコンバレーのような所がないのか、について解明しなければなりません。しかし、その説明は、少なくとも赤羽氏の議論の中には出てきません。

③なぜ、外国人の起業を優遇すべきなのか

「日本の挽回策」の中には「外国人の大幅登用（グローバル人事制度の導入、英語公用語化の促進）」「外国人の日本での起業を今の10倍以上に拡大（優遇制度の導入・強化）」とあります。これらの施策について、赤羽氏は、「なぜ外国人の起業を支援するのか、といった反対意見が必ず出てくる」ので、これを「押し通すことができないのが本当にもったいない」と嘆いています。

しかし、「なぜ外国人の起業を支援するのか、といった反対意見」の方が、私にとっても至極もっともなものであって、赤羽氏は反対意見に抗して自説を押し通す前に、きちんと反論すべきでしょう。

なぜ、反対意見の方が、至極もっともに思われるのか。

そもそも、政府は、国内の個人や企業を公平に取り扱わなければなりません。しかも、昨今では、WTO（世界貿易機関）のルールなどに基づき、政府は、「内外無差別の原

則」にのっとり、国内企業と海外企業に対して、経済的措置の面において同じように扱わなければなりません。

外国人の起業に対する優遇措置の導入・強化は、この内外無差別の原則に違反するのです。

そもそも内外無差別の原則は、国家が、外国の企業や外国人よりも自国企業や自国民を優遇する措置を禁じる趣旨のものです。もっとも、この内外無差別の原則が無条件に正しいと言えるのか、私自身は疑問なしとはしません。自国民の雇用を守るためには、国内企業を優先して優遇した方がいいという場合もあるかもしれません。

ところが、赤羽氏の「日本の挽回策」は、こともあろうに、自国民ではなく外﹅国﹅人の方を優遇するという形で、内外無差別の原則に違反する提言をしているのです。どうして、日本国内で、日本国民の負担によって、日本国民が外国人よりも不利な扱いを受けるような政策を導入しなければならないのでしょうか。外国人の起業を優遇せよという提言は、とんでもない暴論と言わざるを得ません。

赤羽氏が外国人の起業を優遇すべきだと言っている理由は、もちろん察しがつきます。

「シリコンバレーの人口構成を見ると、中国・インドなどアジア系が30%、ヒスパニック系が27%であり、IT系企業の中核人材の多くを海外からの人材が占めている」と書いていることからも明らかなように、彼はシリコンバレーの人種、民族、国籍の多様性が起業やイノベーションの源泉となっていると考えているのでしょう。そして、日本は人種や国籍の同質性が高いから、ベンチャー企業が生まれにくいのだと言いたいのでしょう。

だからと言って、外国人の起業を日本国民よりも優遇しろという話にはなりませんが、それ以前に、人種や民族あるいは国籍の多様性をイノベーションと結びつける発想には、次の三つの問題点があります。

第一に、もし、「シリコンバレーでは、人種や民族が多様だから、多様な発想が可能になり、それがイノベーションの刺激になっている」などと考えているのだとしたら、それはかなり危険な思想と言わざるを得ません。

人種や民族が異なるから、発想も異なるとは限りませんし、同じ人種や民族の中にも、さまざまな意見や思想の持ち主がいます。そのようなことは、言うまでもないことでしょう。

思想の多様性は、確かに大事です。しかしそれは、思想や言論の自由を保障し、寛容の精神を育むことで促すべきなのであり、人種や民族、国籍を多様化することで実現すべきものではありません。人種が違うと思想も違うなどと考えるのは、それこそレイシズム（人種的偏見）の一種にほかなりません。

第二に、②の「なぜ、シリコンバレーだけなのか」という論点とも関係していますが、人口構成における人種や民族が多様なのはシリコンバレーに限りません。アメリカには他にもいくらでも、そういう地域があるでしょうし、また世界に目を向ければ、ヨーロッパ、アジア、南アメリカには、多人種・多民族・多言語からなる国家がいくらでもあります。それなのに、なぜハイテク・ベンチャー企業の天国は、アメリカの「シリコンバレーだけ」なのでしょうか。

第三に、シリコンバレーにおける人種や民族、国籍の多様性は、シリコンバレーにおける起業やイノベーションの起こしやすさの「原因」ではなく、「結果」である可能性があります。いや、「結果」なのでしょう。

つまり、人種や民族、国籍が多様だからシリコンバレーが隆盛しているのではなく、シリコンバレーが（何らかの理由で）隆盛しているから、世界中からさまざまな人種や民族、国籍の人材が集まってくるというわけです。多人種・多民族で構成されている地域や国なら他にもいくらでもあるのに、どこもシリコンバレーのようにはなっていないのは、そのためです。

要するに、赤羽氏は、因果関係を取り違えているのです。

そうだとすると、単に外国人を大幅に登用したり、外国人の起業を優遇したりして、人種や民族、国籍を多様化したところで、日本はシリコンバレーになることはできません。

④なぜ、「英語実戦力の抜本的強化」「（企業の）英語公用語化」が必要なのか

これも、外国人の起業を優遇すべきだという議論と同じような過ちを犯しています。英語を公用語あるいは準公用語としているのは、アメリカ全土はもちろん、他にもいくつかの国や地域がありますが、ハイテク・ベンチャーの天国なのはシリコンバレーだけです。ということは、英語実戦力なり英語公用語化が起業・イノベーション環境の創出にどれだけ役に立つのかは、疑問だとしなければなりません。

それ以前に、この問題を考えるに当たっては、まずは「常識」を取り戻すべきです。つまり、言語教育、より広く教育一般というものは、起業しやすい国にすることなんかよりも、もっと多くの、かつ優先順位の高い目的があるはずです。英語教育ももちろん大事なのでしょうが、時間に限りがある中で、子供たちは、英語以外にも、国語なり数学な

り歴史なり、幅広い知識や教養を身につけなければなりません。特に、国語教育は英語教育よりも大切なのではないでしょうか。

それをビジネスに役に立つからなどという下品な理由で教育制度を改革しようなどというのは、おかしい。そういう常識的な判断が働いてしかるべきだと私は思います。

しかも、教育における英語実戦力の強化や企業の英語公用語化が、起業やイノベーションを促すものであるかどうかも怪しいのです。

英語教育の問題については、九州大学の施《せ》光恒《てるひさ》准教授の『英語化は愚民化』（集英社新書）を参照してみましょう。施氏は、経営学者の野中郁次郎氏の理論を参考にしつつ、次のように述べています。

新しく何か（理論でも、製品でも、あるいはセールスのやり方でも）を作り出す時は、必ず、新しい「ひらめき」や「カン」「違和感」のような漠然とした感覚（暗黙知）を試行錯誤的に言語化していくプロセスが求められる。このプロセスを母語以外の言語でやることはほぼ不可能だ。日本には、母語である日本語で新製品の開発という高度に知的な作業を行う環境が整っていたからこそ、日本の製造業は発展し得たの

だと言えよう。(2)

これは、製造業の話だけではありません。施氏はさらに、中国や韓国よりも日本の方が自然科学分野のノーベル賞受賞者が圧倒的に多い理由について、中国や韓国の高等教育においては、自然科学の教材が英語であり、専門書も母語に翻訳されていないものが多いからではないかと指摘しています。というのも、母語で考えた方が、深い思考が得られるからです。また、大学教育がおおかた英語で行われるインドでは、近年、英語での教育が若者の創造性を奪っていることから、インドの言葉で教育を行うべきだという議論が高まっているそうです。(3)

というわけで、赤羽氏の提言通り、「英語実戦力の抜本的強化」「(企業の)英語公用語化」を押し通しなどしたら、日本は創造性を衰弱させ、イノベーションを起こせない国へと転落してしまうということになります。

赤羽氏は、日本の「製造大企業・中堅企業には膨大な技術シーズと人材が埋もれており、活用次第で大変な力を発揮できる」と述べていますが、彼が提唱する「(企業の)英語公用語化」は、その膨大な技術シーズと人材を破壊するものとなるのです。

しかし、これについては、「もしそうだとすると、なぜ、シリコンバレーに中国やインドなどから、たくさんの優秀な人材が集まっているのか」という反論があるかもしれません。

もっとも、これはたいして強力な反論ではありません。

というのも、中国やインドの自然科学の教育が英語に依存し、そのせいで若者の創造性が奪われていると言っても、それはあくまで一般論としての話です。何も中国やインドの学生全員の創造性が失われているというわけではないでしょう。英語が達者で、かつ高い創造性をもった優秀な人材も、中にはいるでしょう。中国やインドの英語での高等教育「のおかげで」ではなく、「にもかかわらず」、創造性を獲得することができた例外的に優秀な人材がいるというわけです。そうした少数の人材が、シリコンバレーに向かっているだけに過ぎない。そう考えれば、何も不思議なことはありません。

したがって、シリコンバレーに来た優秀な中国人やインド人だけを見て、「英語教育の抜本的強化が、起業やイノベーションの促進には必要だ」という結論を導きだすのは、かなり早とちりだということになります。

もっと言えば、もし日本の英語教育を中国やインド並みに強化したら、中国やインドと同じことが起きるのではないでしょうか。つまり、創造性を損なう高等教育にもかかわらず、創造性を獲得し得た少数の人材は、日本を出てシリコンバレーに行ってしまうでしょう。日本国内には、創造性を失った日本国民だけが残ることになります。そして日本は、ノーベル賞受賞者を輩出するどころか、イノベーションも起きない三流国へと転落していることでしょう。

さて、施氏の本を参照したほかは、もっぱら自分の頭で考えて、赤羽氏の論考を検討してみましたが、これだけでも、相当に致命的な欠陥がいくつも見つかりました。

赤羽氏は、コンサルタントであり、ベンチャー・キャピタルのプロですが、よく考えながら読んでみると、かなり杜撰《ずさん》な議論をしていることがお分かりになったと思います。

ところで、なぜ彼ほどの経験と経歴の持ち主が、このような当てにならない議論をしてしまうのでしょうか。これは私の推測に過ぎませんが、おそらく過ちの根源は、彼がシリコンバレーという事例しか見ていないことにあるのではないでしょうか。

シリコンバレーと同じ環境を作りさえすれば、日本にもシリコンバレーができるのではないか。そう思って見てみると、シリコンバレーでは、様々な人種や民族、国籍の優秀な外国人たちが集まり、しかもみんな流暢な英語でしゃべっている。

それに比べて、日本という国は人種的・民族的同質性が高く、外国人も少ない上に、日本人の多くは英語が不得手だ。そして、日本にはシリコンバレーのようなところがないし、ベンチャー企業の開業率も低い。しかも、二〇年以上も経済が停滞している。ならば、外国人の起業を優遇して、英語教育を抜本的に強化すれば、日本も起業大国になれるはずだ！　もしかしたら、こんな程度の単純な発想だったのかもしれません。

残念ながら、赤羽氏の議論には、シリコンバレーと他のアメリカの地域あるいは他国とを比較する分析もなければ、人種・民族・国籍の多様性と起業との間、あるいは英語教育とイノベーションとの間の因果関係の分析もありませんでした。

しかし、こうした分析は、シリコンバレーにいてベンチャー・キャピタリストやコンサルタントをやっていただけでは、できません。各国・各地域を比較分析するには調査や統計が必要ですし、因果関係の分析は、理論的な知識がなければできないのです。

ベンチャー企業の現場を知っていようが、ベンチャー・キャピタリストとして成功した経験を持っていようが、広く全体を見渡した客観的な分析ができなければ、正しい認識は得られません。むしろ、個人的な成功体験がかえってバイアスとなってしまう恐れもあります。

社会科学の調査や理論のよいところは、より俯瞰的で客観的な視点を与えてくれるところにあります。

というわけで次章以降では、ベンチャー企業やイノベーションに関する社会科学的研究を参照しつつ、検討を深めていくことにしましょう。

第二章　起業大国アメリカの真実

ょう。

アメリカにおける開業率の低下

第一章では、常識、直観あるいは論理といったものを頼りにして、コンサルタントの赤羽雄二氏のベンチャー振興政策について疑問を呈してきました。次は、データや実証研究など、社会科学的な知見に基づき、検証を続け、真実を洗い出す作業をすることにしましょう。

赤羽氏は、一九八〇年代のアメリカが種々の競争力強化策を断行したので、ベンチャー企業の隆盛とイノベーションの活性化がもたらされ、アメリカ経済が復活したと論じます。そして、「1980年代に米国政府が真摯な姿勢で取り組んだように、ゼロベースで競争力向上策を立案し、種々の反対を押し切って実行することが日本にとって待ったなしの状況」だと主張しています。

では、一九八〇年代以降のアメリカにおけるベンチャー企業の状況を見てみましょう。

次の図1は、アメリカ政府のレポートから引いてきたものですが、一九七七年から二〇一三年にかけてのアメリカにおける開業率と廃業率の推移です。[4]

御覧の通り、かなり衝撃的なグラフです。

アメリカにおける開業率は、一九八〇年代半ばから、低下傾向にあります。二〇〇九年

図１　企業の開業率と廃業率の推移（1977年～2013年）

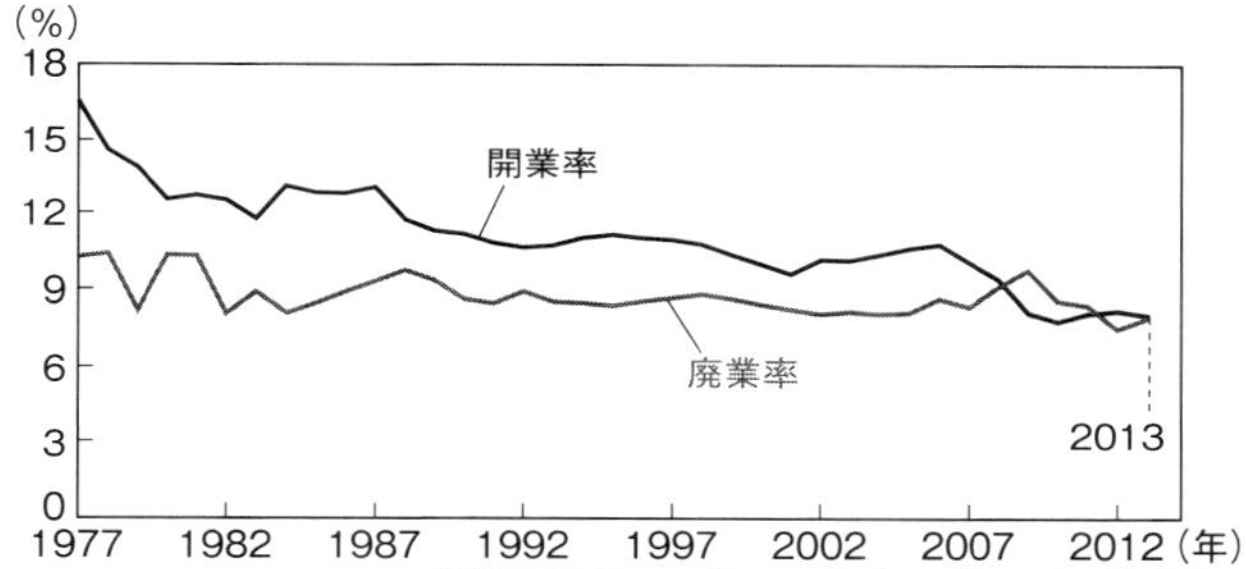

出典：U.S. Census Bureau, Business Dynamics Statistics

以降の開業率は、一九七七年の約半分にまで減り、しかも二〇一〇年前後には開業率よりも廃業率の方が上回っている有り様です。

これを見ると、一九八〇年代のアメリカの政策は効果がなかったどころか、反対に、ベンチャー企業を生み出しにくくした可能性すらあります。それを真似したら、日本はもっとベンチャー企業が生まれにくい国になってしまう可能性すらあるでしょう。

ちなみに、ここで「可能性」と、敢えて慎重な言い方をしているのは、アメリカの開業率を下げた原因は、一九八〇年代のアメリカの政策以外のところにあるかもしれないからです。この点は、後でまた論じるとして、今の段階では、とりあえず「可能性」ということにしておきましょう。

さて、このグラフからもう一つ注意すべきは、一九八七年、一九九九年、二〇〇七年あたりまでベンチャーの開業率がやや高まり、その後、急減していることが見て取れるということです。一九八七年はニューヨーク株式市場の大暴落（ブラック・マンデー）、二〇〇〇年代初頭はＩＴバブルの崩壊、二〇〇七年はサブプライム危機といったように、いずれもバブル経済が崩壊した年に当たります。

つまり、ベンチャー企業の開業率は、経済が好況時に増え、不況時に減っているというわけです。

これについては、次の二通りの可能性が言えます。

①ベンチャーの開業率の高まりが景気を良くした。
②景気が良いからベンチャーの開業率が高まった。

このグラフからだけでは、①と②のどちらの因果関係が正しいのかは、はっきりしません。

開業率の高低と好不況は、「相関関係」があるとは言えますが、これだけでは「因果関係」は特定できないのです。この「相関関係」と「因果関係」を取り違えないということは、重要です。

もし、景気が良いからベンチャーの開業率が高まったという②の因果関係が正しいのだとしたら、ベンチャーの開業率を高めたら景気が良くなるとは言えません。逆に、景気を良くすることが、ベンチャーの開業率を高める方法だということになります。
①と②のいずれの因果関係が正しいのかは、他の議論をも材料にして、多面的に考えていくことにしましょう。

図２　未公開株を所有している30歳以下の起業家の比率

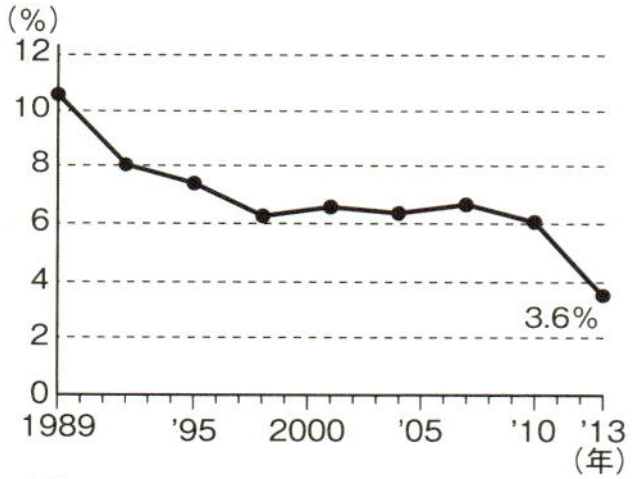

出典：Federal Reserve Survey of Consumer Finances / The Wall Street Journal

関連して、『ウォール・ストリート・ジャーナル』紙によれば、三〇歳以下の起業家の比率も、一九九〇年代を通じて減少ないしは停滞しており、特に二〇一〇年以降は激減しているようです[5]（図２）。

一九九〇年代と言えば、ＩＴ革命が起きた時代ですが、三〇歳以下の起業家の比率は、ＩＴ革命以前の方が高かったのです。「アメリカでは、ＩＴ革命のおかげで、若くて有能な起業家が次々と生まれている」という、よく聞く話は、どうやら間違いだったようで

図3　アメリカの全要素生産性（TFP）

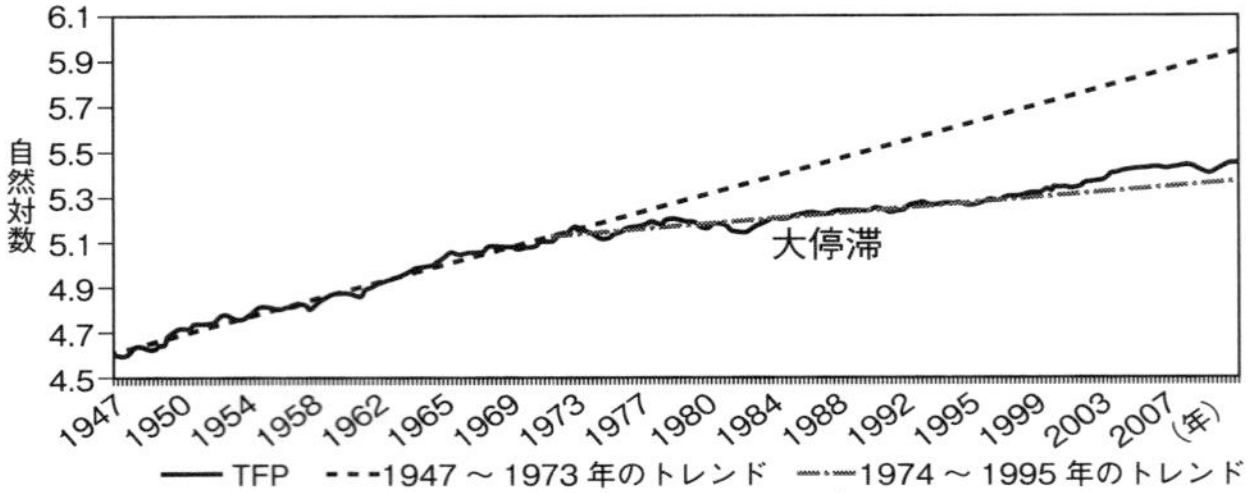

出典：U.S.Census Bureau, Historical Income Tables （the Public Economics Unit, Institute of Governance and Policy, CSC）/ 'The Great Stagnation:How America Ate All the Low Hanging Fruit of Modern History and What It Means for Singapore'

す。

さらに言えば、一九八〇年代以降、アメリカ経済が復活したという話も、統計データからは確認できません。

経済学者のタイラー・コーエンによれば、アメリカの全要素生産性（TFP）は、一九四七年から一九七三年までに比べて、一九七四年以降は鈍化しています。一九八〇年代以降、それが復活したというデータは確認できません[6]（図3）。

経済学者の服部茂幸氏も、アメリカが一九八〇年代以降に復活したなどというのは間違いであり、むしろ過去四〇年間、停滞してきたと指摘しています。例えば、一九七〇年代半ば以降、男子フルタイム労働者の中位の実質賃金は横ばいで推移しています。中位の値は、一般的な労働者の姿を反映するものですが、恐ろしいことにアメリカの普通の労働者の生活状態は、四〇年もの間、停滞していたのです[7]。ちなみに、この労働者階級の不満が二〇一六年の大統領選においてドナルド・トランプを勝利に導いたのだと言われています。

コーエンは、一九七〇年代以降の四〇年間を「大停滞」と呼んでいます。赤羽氏が「復活した」と言っていたアメリカ経済は、実際には、大停滞に陥っていたのです。

大停滞に陥っていたアメリカ

著名な経済学者のロバート・ゴードンもまた、一九七〇年代以降のアメリカは画期的なイノベーションが起きにくくなり、次第に成長しなくなってきていると指摘しています。

ゴードンによれば、一七五〇年から一八三〇年にかけて起きた第一次産業革命（蒸気機関、紡績機、鉄道の登場）、そして一八七〇年から一九〇〇年にかけて起きた第二次産業革命（電気、内燃機関、上下水道の登場）は、経済や生活を一変させる効果をもち、長く生産性の向上に寄与しました。特に第二次産業革命が経済に与えた効果は、一九七〇年頃まで持続しました。

ところが、コンピュータとインターネットがもたらした第三次産業革命は一九九〇年代半ばにピークに達しましたが、それが生産性の向上に与える効果は、わずか八年間しか続かなかったとゴードンは主張しています。確かに二〇〇〇年以降も、さまざまな情報通信技術が世に送り出されてきましたが、それらはほとんどが通信と娯楽に関するもので、生活水準を大きく変えるようなものではなかったというのです。

連日、IT関係の目まぐるしい新製品を目の当たりにしている私たちには、二〇〇〇年以降はろくなイノベーションが起きていないという話は、にわかには信じがたいかもしれません。

そこでゴードンは、次の二つのオプションのうち、どちらをとるかと問いかけます。

オプションA　二〇〇二年までの電子機器（アマゾンにアクセスできるウィンドウズ98のラップトップ）と水道と屋内トイレは使えるが、二〇〇二年以降の発明品は一切使えない生活

オプションB　二〇〇二年以降、一〇年間の発明（フェイスブック、ツイッター、iPad）は使えるが、水道と屋内トイレは使えない生活

もちろん、オプションAが選ばれるでしょう。

要するに、第二次産業革命の時のイノベーションに比べれば、二〇〇〇年代のイノベーションなど、とるにたらないものばかりだということなのです。このままイノベーションが起きないとなると、アメリカ経済はほとんど成長しない経済になるだろう、とゴードンは予測しています。(8)

さて、アメリカ経済が成長しなくなっている理由については、ゴードンはいろいろ論じていますが、その一つにアメリカの教育の劣化があります。

アメリカの若者が高校を卒業する比率は、一九〇〇年には一〇パーセント以下でしたが、一九八〇年までに八〇パーセントに増加しました。ところが、それが二〇〇〇年までに七四パーセントに下がっています。アメリカの高卒以上の比率は先進国中一一位であり、しかも二五〜三四歳までの高卒以上の比率が五五〜六四歳までよりも低い唯一の国になってしまいました。またOECD(経済協力開発機構)が一五歳を対象に実施する国際学力テストPISAでみると、二〇一二年のアメリカの順位は、読解力が二四位、科学が二八位、数学が三六位でした。(9)ちなみに、日本は読解力が四位、科学が四位、数学が七位となっています。

赤羽氏は一九八〇年代のアメリカは、小学校からの科学振興教育を戦略的に進めた結果、ベンチャー企業が次々と起きるようになったなどと論じていましたが、実際には、ベンチャー企業の隆盛もなければ、教育の改善もなかったのです。

以上をまとめると、次のようになります。

- 一九八〇年代以降のアメリカでは、ベンチャー企業の開業率が下がり続け、二〇〇九年以降の開業率は、一九七七年のおよそ半分程度しかない。
- アメリカの若者が企業を保有する比率は下がり続けて、二〇一三年は、一九八九年の三分の一程度にまで落ち込んでいる。
- そもそも、アメリカは、過去四〇年間、低い生産性を記録し続けており、「大停滞」と呼ぶべき状況にある。画期的なイノベーションも起きなくなっている。ＩＴ革命は、それほど大きなインパクトをもつものではない。

起業という幻想

アメリカのベンチャー企業の実態について、もっと詳しく知るために、『〈起業〉という幻想』という本を参照しておきましょう。著者はスコット・シェーン、ケース・ウエスタン・リザーブ大学教授で、ベンチャー企業研究の第一人者です。

先ほど、開業率の統計データによって、一九八〇年代以降のアメリカは、ベンチャー企業が生まれにくい国になってしまったことを明らかにしました。シェーンもまた、統計データを駆使して、ベンチャー大国アメリカという神話を打ち砕いていきます。

一九八〇年以降、アメリカにおける自営業の比率は下がり続けており、特に一九九〇年代以降は急激に下がり続けています。これは長期的な傾向であり、例えば、二〇〇四年の（農業を除く）自営業の比率は、一九四八年の六割以下しかありませんでした。もっと言えば、一〇〇年前のアメリカの方が、現在よりもベンチャー大国でした。アメリカの人口に占める起業家の比率は、一九一〇年の方が現在よりも高いのです。

アメリカは、過去数十年の間に、どんどん、ベンチャー大国から遠ざかっているのです。

統計データの国際比較は、さらに衝撃的な事実を明らかにします。

例えば、二〇〇〇年から〇四年にかけての統計では、生産年齢人口に占める起業家の比率は、例えばペルー、ウガンダ、エクアドル、ヴェネズエラがアメリカの二倍以上になっています。一般に、先進国よりも開発途上国の方が、起業家の比率が高いのです。

また、OECDの統計によると、コロンビアの自営業の比率はアメリカのおよそ七倍になります。ギリシャ、トルコ、メキシコは五倍以上です。OECD諸国の中では、アメリカの自営業の比率は、むしろ最も低い部類に属するのです。日本ですら、アメリカを上回っています。[10]

アメリカは、ベンチャー企業の天国ではないのです。

ここで、ベンチャー大国は発展途上国であるというシェーンの議論に補足すると、日本も高度経済成長期は、現在よりもはるかに開業率が高かったことが分かっています[11]（図4）。

また、シェーンは、アメリカの起業家が魅力的なハイテク産業ではなく、建設業や小売業といった、ごく一般的な産業において開業する傾向がより高いという事実を示します。ベンチャーといえばITなどハイテク産業のようなイメージが流布していますが、実際のベンチャー企業は、そのほとんどがもっと泥臭いのです。

再びシェーンの議論に補足すると、アメリカでは、特許出願全体のうち、中小企業及び

図４　日本における事業所数による開廃業率の推移（非一次産業、年平均）

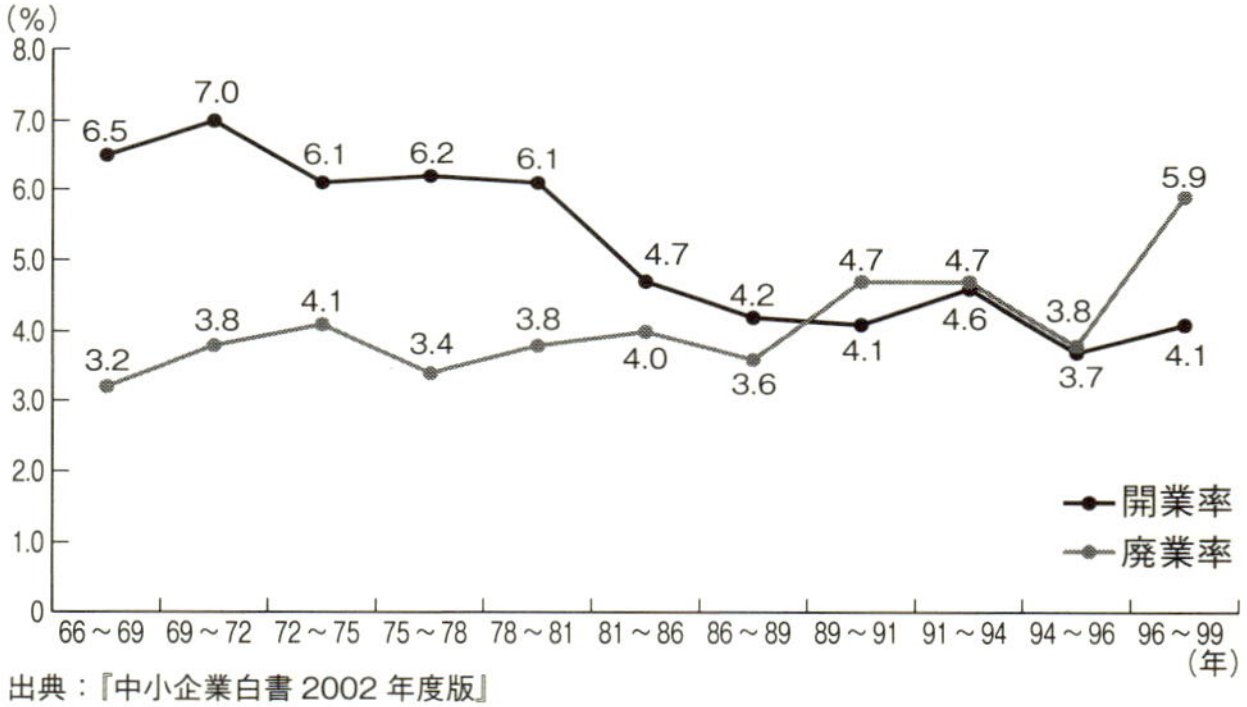

出典：『中小企業白書 2002 年度版』
資料：総務省「事業所・企業統計調査」再編加工
（注１）事業所を対象としており、支所や工場の開設・閉鎖、移転による開設・閉鎖を含む
（注２）1991 年までは「事業所統計調査」、1994 年は「事業所名簿整備調査」として行われた
（注３）開業率、廃業率の計算方法については『中小企業白書 2002 年度版』付注 2-1-2 を参照
http://www.chusho.meti.go.jp/pamflet/hakusyo/H14/Z02-01-19.htm

個人が占める割合は二五パーセント程度です。この比率は日本の一五パーセントよりは高いとはいえ、アメリカでも、特許出願の大半は大企業によって行われていることを示しています。したがって、少なくとも特許出願数で判断する限り、アメリカのイノベーションはベンチャー企業が担っているというイメージは誇張と言っていいでしょう。

　さらにシェーンは、アメリカの典型的なベンチャー企業の実態について、次のように述べています。いずれも、世間一般で抱かれているベンチャー企業のイメージからはほど遠いもの

です。

・起業家たちの起業の理由で最も一般的なのは、「他人の下で働きたくない」というものだった。

・仕事をしばしば変える人、解雇された人、お金があまりない人の方が、起業をする傾向にある。

・典型的なスタートアップ企業というものは、全然イノベーティブではなく、成長の計画もなく、雇っているのは一人ぐらいで、年収は一〇万ドル以下である。

・ベンチャー企業の平均寿命は五年以下である。起業してから七年以内に新規ビジネスが軌道に乗るのは、全体の三分の一程度に過ぎない。

・新規ビジネスのパフォーマンスは、既存ビジネスより良いわけではない。むしろ、企業の寿命が長くなるほど、パフォーマンスは改善していく。

・典型的なスタートアップ企業は、創業者の貯蓄から資本を捻出している。また、新規企業に対するファイナンスは、平均すると、商業銀行からの融資と出資が半々である。ベンチャー・キャピタルからの資金は、全スタートアップ企業の約〇・〇三パーセント以下であり、全中小企業金融の二パーセント以下を占めるに過ぎない。

・起業を決断するのは、若者よりも、中年男性の方が多い。

・典型的な起業家は、サラリーマンよりも長時間働くが、稼ぎはより少ない。それでも起業する人は、チャンスに対して過度に楽観的であるとか、あるいは人の下で働くのを心底嫌がっているといった理由による。

・スタートアップ企業は雇用をあまり創出しない。創業から一〇年以上の企業で働く労働者は全体の六〇パーセントになるのに対し、創業から二年以内の企業で働く労働者は全体の一パーセントに過ぎない。

以上のようなデータを踏まえた上で、シェーンは、アメリカの典型的な起業家像をこんなふうに描いて見せます。

人の下で働きたくないので起業をしたのであって、急成長する会社を起こそうとしているのではなく、日々の生計を立てようとしている、四〇代の既婚の白人男性これが、日本のビジネスマンたちが憧れるアメリカのベンチャー企業の平均的な姿なのです。もちろん、赤羽氏が言うように「最優秀な人材がスタンフォード大学、ＭＩＴ等の全米トップスクールに行き、グーグル、アップル、Ｆａｃｅｂｏｏｋ等の成長中の世界的企業に入社して数年後に起業したり、直接起業したりして、再生産を加速している」という場合もあるのかもしれませんが、それはごく一握りの特殊なケースに過ぎません。アメリカのベンチャー企業全体でみると、ごく一般的な産業における自営業というのがその平均的な姿なのです。

赤羽氏は「政治家も官僚も先進事例はかなりよく勉強していて結構わかっているのに、押し通すことができないのが本当にもったいない」と嘆いていましたが、政治家も官僚も、本当のところを分かっているのでしょうか。根拠のないベンチャー神話・ベンチャー伝説を信じているだけなのではないでしょうか。

生産性が低いベンチャー企業

シェーンは、一般的なベンチャー企業は、生産性が相対的に低いと述べています。もし、そうだとすると、景気と開業率の間の関係は、やはり景気が良いと開業率が上がるのであって、開業率が高いと景気が良くなるのではないという因果関係で理解した方がよさそうです。

そうであるならば、政府が開業率を高めるような政策を講じることは、経済成長を促進するということにはならないということになるでしょう。それどころか、政府がベンチャー企業の創業を振興することは、より非効率な企業を支援するということになります。それでは、日本経済全体のパフォーマンスはむしろ低下することになるでしょう。

よく、「政府は、既存の企業を支援する予算を止めて、ベンチャー企業の支援に回せ」と言われます。既存の企業に対する支援は非効率部門を温存することだというイメージがあるのでしょう。

しかし、シェーンに言わせれば、ベンチャー企業こそが非効率部門なのです。

もっとも、このシェーンの議論には、ベンチャー振興を推奨する政府や経済学者などからの反論があり得ます。例えば、新規開業企業が既存企業と比べて新規雇用をより多く生み出していることを示す研究成果は、確かにいくつか存在します(12)。

例えば、ジョン・ハルティワンガーは、起業による雇用創出を高く評価する代表的な研究者です。しかし、そんな彼も、二〇一四年におけるライアン・デッカー、ロン・ジャーミン、ハビエル・ミランダとの共同論文の中で、次のように結論づけざるを得ませんでした。

スタートアップ企業が直接的な雇用に実質的に貢献している一方で、ほとんどのスタートアップ企業は失敗し、仮に生き延びても成長しないのであり、アメリカの雇用創出に大きく貢献しているのは、ほんの一握りの急成長する若い企業である。これらの発見は、起業を奨励することで雇用創出を促進しようとする政策担当者に対する挑戦となる。なぜなら、ほとんどの若い中小企業は事実上、雇用の主たる創造主ではないからだ。(13)

その上で、彼らもまた、一九八〇年代以降、アメリカの開業率が低下傾向にあり、特に二〇〇〇年以降の低下が顕著であることに警鐘を鳴らすのです。

以上がベンチャー企業の実態なのだとすると、政府が起業を促進するという政策には、正当化できる根拠が乏しいと言わざるを得ないようです。

もっとも、このように言ったからといって、これから起業をしようとする人の志を頭から否定しようというのではありません。

シェーンが言うように、平均的な起業家の姿というものは、人の下で働きたくないとか、職を失ったとか、あるいは未来の可能性に対して楽観的であるといった動機によって、より長時間の労働で、より収入が少なくなったとしても、頑張ろうという人たちです。彼らが敢えて苦労を選んで起業する動機を否定する理由は、まったくありません。むしろ、個人的には、頑張る起業家に対して声援を送りたい気持ちすらあります。

ただ、私が強調したいのは、そういう話は、政府が限られた予算を割いて起業を支援する根拠にはならないということです。個人として声援を送りたいという話と、政府が支援をすべきであるという話とは、別なのです。

政府が特定の企業や産業を支援すべき場合とは、それが公共的な利益をもち、かつ政府が支援しなければ、その公共の利益を得ることができないという場合に限られます。しかし、シェーンの研究結果が正しいとすると、ベンチャー企業の振興は、政府が支援すべき場合に該当しないのです。

政府の支援に関しては、もう一つ、注意すべき点があります。

例えば、政府の補助金や規制緩和のおかげで、日本にもグーグルやアップルに匹敵するような企業が二つか三つでも誕生したら、その政策は世間では大成功と賞賛されることでしょう。しかし、実は、そのような政策は、経済的には必ずしも成功とは言えないのです。

政府が支援すべきは、成功する企業を創ることではありません。あくまでも、雇用の機会を増やすとか、あるいは技術進歩をいっそう進めるといった、国民全体のために利益になるような企業を育成するのが、政府の支援策の目的です。

したがって、いくら世界的な大企業であっても、それが雇用の機会を増やさないような形で成長したのであるならば、国民にとって意味はありません。政府が、血税を使ってそのような企業を支援することは正当化できないのです。

例えば、次のようなケースがそれに該当します。

・ライバル企業から市場を奪って成長しただけで、市場全体を大きくしたわけではない企業
・海外にばかり工場を建て、国内に雇用を生み出さないで成長した企業
・市場シェアや利益は世界トップクラスではあるが、一握りの経営層と高度な専門技

術者だけで構成されており、雇用をたくさん創出しない企業

日本では、多くのビジネスマン、政治家、官僚、ジャーナリストが、アメリカのIT産業の隆盛を羨ましがっています。しかし、アメリカのIT企業の成功は、アメリカ国民の成功とは同じではありません。

実際、すでに見たように、一九九〇年代以降、アメリカでは世界的なIT企業がいくつも誕生しましたが、アメリカ全体の生産性は停滞しており、アメリカの労働者の実質賃金も低迷し続けています。IT産業の隆盛が、アメリカ国民を豊かにしたのかどうかは、必ずしも明らかではないのです。

世界的に大成功したベンチャー企業や若い起業家は、目に見える成功例であるため、象徴的な存在となります。しかし、繰り返しになりますが、一企業や一起業家の成功は、国民全体の成功とは同じではありません。この二つを混同しないことが重要です。

政府が目指すべきは、あくまでも国民全体の利益であって、一企業・一個人の成功例を生み出すことではありません。これは大事なポイントなので、いくら強調してもし過ぎることはありません。

以上のような議論に対しては、「ならば、雇用の創出や技術進歩に貢献するハイテク・ベンチャー企業とか、環境保護など公共的な利益に貢献するベンチャー企業を支援すればよいではないか」と思われるかもしれません。

まさに、その通りです。

政府は、そうしたベンチャー企業に限定して、起業を支援すべきなのです。しかも、そうしたベンチャー企業は、実際に存在します。しかし、この場合の政府の支援の目的は、雇用の創出、技術進歩あるいは環境保護であって、起業それ自体を促進することではありません。

創業してから二年以内のベンチャー企業であろうが、創業六〇周年を迎えた中小企業であろうが、雇用創出、技術進歩、環境保護に貢献するならば、政府は支援をすべきなのであって、創業してからの年月で区別する理由はないでしょう。

アメリカのベンチャー企業振興策

さて、ここまでの議論に対しては、このような不満を抱かれる方もおられるかもしれません。

「アメリカのベンチャー企業の平均的な姿は、確かにシェーンの言う通りかもしれない。でも、我々は、そんなベンチャー企業一般の話をしたいのではない。シリコンバレーに集まっているようなハイテク・ベンチャー企業の話をしたいのだ」

それでは次に、アメリカのハイテク・ベンチャー企業に限定して、議論を続けることとしましょう。

アメリカのシリコンバレーは、ハイテク・ベンチャー企業が次々と生まれていると言われています。しかし、なぜ、アメリカの中でも、特にシリコンバレーという特定の場所に、ハイテク・ベンチャー企業が集まっているのでしょうか。その理由を探り、シリコンバレーがやったことと同じことをやれば、日本もハイテク・ベンチャー企業が次々と開業する国になるかもしれません。

では、アメリカは、どのようにしてシリコンバレーをハイテク・ベンチャーの聖地へと作り上げたのでしょうか。

一般的に流布するイメージは、シリコンバレーのハイテク・ベンチャー企業の集積は、アメリカ政府の産業政策によって形成されたのではなく、アメリカ経済の自由市場のダイナミズムの産物である、というものでしょう。

しかし、実際には違いました。アメリカ政府は、シリコンバレーにかなりテコ入れしていたのです。

自由市場を重んじるとされるアメリカですが、実際は、非常に強力な産業政策を実行していました。しかも、その強力な産業政策は、軍事目的の下に行われていました。その軍事目的の産業政策が、現在のシリコンバレーを作り上げたのです。このように論じる研究者の一人に、シドニー大学の政治経済学者リンダ・ウェイスがいます。以降の議論は、主にウェイスの研究を参考にしています。

そもそも、一九八〇年代のシリコンバレーには、ミサイル、衛星、軍事関連及び宇宙関連の電子技術に関わる企業が多数立地していました。シリコンバレーは、軍事関連産業の集積地だったのです。

これらの軍事関連企業は、その収入の多くを防衛関連の政府契約に依存していました。当時、軍事関連産業が、シリコンバレーにおける労働力のおよそ四分の一を直接雇用し、そしてシリコンバレーの製造業の収入の約三割を計上していたのです。

一九八〇年代初頭、シリコンバレーの商業用半導体産業は、日本企業との競争によって危機に陥りました。この時、国防総省は、スタンフォード大学、カリフォルニア州立大学バークレー校などにおける研究開発を支援しました。というのも、半導体産業は、軍事的にきわめて重要な産業だったからです。国防総省の強力な支援のおかげで、これらの大学は、新たなイノベーションの源泉となりました。こうして、シリコンバレーは、復活を遂げたのです[14]。

また、アメリカ政府は、一九五〇年代後半には、中小企業に対するリスク・マネーの供給を目的としてＳＢＩＣ（Small Business Investment Company）を設立しました。ＳＢＩＣは、アメリカのベンチャー・キャピタル及びベンチャー企業の育成に大きく寄与しましたが、その創設の目的は、ベンチャー企業の振興それ自体というよりはむしろ、軍事的なものでした。

当時は冷戦が始まったばかりで、米ソの緊張関係が高まっていた時期でした。とりわけソ連による人類史上初の人工衛星「スプートニク1号」の打ち上げ成功は、「スプートニク・ショック」と呼ばれ、アメリカに多大な衝撃を与え、危機感を高めました。アメリカ政府は、この「スプートニク・ショック」に対応して、アメリカの技術的優位を回復するために、技術政策を強化しましたが、ＳＢＩＣの設立は、その一環だったのです。

さらにアメリカ政府は、一九八二年に、ベンチャー企業によるハイリスクな初期段階の技術開発に対して資金を供給するプログラムとして、ＳＢＩＲ（Small Business Innovation Research）を開始しました。このＳＢＩＲもまた、軍事的な動機によって創設されたものでした。

当時のアメリカは、ヴェトナム戦争の敗北、第四次中東戦争やイラン革命、アフリカやアフガニスタンに対するソ連の介入によって、安全保障上の危機感が高まっていました。加えて、日本企業がハイテク市場のシェアをどんどん奪っていったことにも、アメリカ政府は危機感を募らせていました。

そこでアメリカ政府は、安全保障上も重要なハイテク産業を振興するため、様々な施策を講じました。そのうちの一つが、ハイテク・ベンチャー企業を支援するためのＳＢＩＲだったのです。

ＳＢＩＲは、アメリカのハイテク企業に対して年間およそ二五億ドルの資金を投下するという大規模なもので、技術シーズに対するものとしては、世界最大のファンドであると言えます。このＳＢＩＲが、アメリカのハイテク・ベンチャー企業に対するリスク・マネーの供給において、きわめて重要な役割を果たしました。

民間にもベンチャー・キャピタルがありますが、民間の場合は、その資金の大半を企業買収やマーケティング、あるいは成熟段階の技術開発に振り向けているのが実情です。民間のベンチャー・キャピタルからの資金のうち、初期段階の技術開発に対して向けられるのは、ごく一部に過ぎません。ベンチャー・キャピタルといえども、民間主体である以上、それほど高いリスクを負うことはできないのです。

ところが、ＳＢＩＲの資金は、すべて初期段階の技術開発に振り向けられました。例えば、二〇〇九年、アメリカにおけるハイリスクな技術に対する投資総額は四二億ドルでしたが、そのうちの六割以上がＳＢＩＲによって供給されたのです。[15]

このように、アメリカのハイテク・ベンチャー企業は、自由な市場から民間の力だけで生まれてきたものではなく、むしろ政府の強力な支援、しかも安全保障政策の一環としての支援によるところが大きいのです。赤羽氏は、ベンチャー大国になるには、「道路一本作ることをやめると十分お釣りが来るほどで、決して費用がかかる話ではない」と述べていましたが、アメリカ政府は、ＳＢＩＲだけでも、道路一本の建設費の数十倍にもなる費用をベンチャー企業の支援に投じていたのです。

ベンチャー・キャピタルが生まれた背景

こうした議論に対しては、「いやいや、ベンチャー企業を育てたのは、アメリカ政府の安全保障政策だけではない。ベンチャー・キャピタルもまた、大きな役割を果たしているはずだ」と思われるかもしれません。

ベンチャー・キャピタルが果たす役割については、次章において議論しますが、ここでは、そのベンチャー・キャピタルもまた、実は、戦争から生まれてきたものだということを指摘しておきたいと思います。

アメリカ最初のベンチャー・キャピタルとされるのは、一九四六年に誕生したボストンのARD（American Research and Development）ですが、このARDは、大戦中に開発された軍事技術を民間転用することを目的として設立されたものでした。

ARDの創設者は、ジョージ・ドリオという人物であり、彼は「ベンチャー・キャピタルの父」と呼ばれています。ドリオは、戦時中に資源動員にあたった軍人でした。彼は、その戦時動員の経験や人脈を活かして、ARDを運営しました。そのARDで培われたドリオのノウハウやビジネス・モデルが広まって、ベンチャー・キャピタルが生まれていくこととなったのです。

また、シリコンバレーにおける最初のベンチャー・キャピタルは、一九五九年に設立されたドレイパー・ゲイサー・アンド・アンダーソンですが、その三人の創設者のうち、ウィリアム・H・ドレイパー・Jr.とフレデリック・L・アンダーソンは、アメリカ陸軍の元将軍でした。そして、もう一人のH・ローワン・ゲイサーは、元フォード財団の理事長ですが、彼は一九五七年に、当時のアイゼンハワー大統領に対し、アメリカのスプートニク・ショックに対する対応に関する極秘レポートを提出した人物だったのでした。(16)

このように、ベンチャー・キャピタルというビジネス・モデルは、アメリカの安全保障政策が産み落としたものだったのです。

アメリカ政府自身が、ベンチャー・キャピタルを設ける場合もあります。例えばCIA(中央情報局)が創設したベンチャー・キャピタル「In-Q-Tel」は、グーグル・アースに使われている衛星画像ソフトウェアや、データ・ビジュアライゼーション・ツールとして現在五〇億～八〇億ドルの価値があると言われる「パランティア」といった成果を生み出しました。

ＩＴも軍事政策の産物

ベンチャー企業の成功例として挙げられるのは、グーグル、アップル、フェイスブックなど、ほぼＩＴ関連の企業です。ＩＴという新たな技術が、急成長するハイテク・ベンチャー企業という夢を現実のものとしたのだと考えられています。

確かにＩＴは、ハイテク・ベンチャー企業の苗床になっているのかもしれません。しかし、ＩＴそれ自体は、ベンチャー企業が創造したものではありません。それは、アメリカ政府の軍事政策の産物だったのです。

そもそも、世界最初のデジタル式コンピュータとされるものを開発したのは、ペンシルヴァニア大学電気工学科ムーア校のＪ・Ｗ・モークリーとＪ・Ｐ・エッカートたちですが、彼らは、アメリカ陸軍弾道研究所の資金提供を受けていました。

また、トランジスタは、ベル研究所のウィリアム・ショックレーらが開発しましたが、その軍事用あるいは商業用の応用開発は、アメリカ陸軍通信隊による資金提供を受けていました。

そして、インターネットは、アメリカ国防総省内の高等研究局（ＡＲＰＡ）において行われた軍事用の通信ネットワークの開発が起源とされています。とりわけ、一九七〇年代のＡＲＰＡＮＥＴの実験の成功が、インターネットの実用化と普及に大きく貢献しました。さらに、一九九〇年代前半までのインターネットの開発と実用化において主導的な役割を果たしたのがアメリカ国防総省であることには、疑いの余地はありません。

しかも、アメリカ政府が開発したのは、インターネットだけではありませんでした。例えば、アイフォーンは、スティーブ・ジョブズが生み出したとされます。しかし、アイフォーンに内蔵されたＧＰＳやタッチ・スクリーン・ディスプレイに至るまで、その機能を支える新しい技術は、どれもこれも、元をたどれば、国家による開発に由来しているのです。

あるいは、グーグルの開発者であるラリー・ペイジとセルゲイ・ブリンが初めて起業した際、彼らは国防総省の支援を受けていたし、二〇〇五年のロボット自動車競争の際には、やはり国防総省から賞を得ていました[17]。

また、アメリカ政府の政府調達は、ＩＴ関連企業に巨大な需要を提供するという形で、ＩＴの開発や普及の促進策となっています。

最近の例で言えば、アマゾンは、六〇〇を超える政府機関にクラウドサービスを販売し、ＣＩＡと六億ドルの契約を結んでいます。

また、二〇一三年、アメリカ国家安全保障局で諜報活動に従事していたエドワード・スノーデン氏が、アメリカ政府がＩＴ企業の協力を得て、個人情報を収集していることを暴露して、大問題となりました。最近でも、ヤフーがアメリカ政府の情報機関の要請を受けて、全受信メールを監視していたと報じられました(18)。

このように、アメリカのＩＴ産業は、国家の安全保障と密接な相互依存関係にあるのです。その当然の帰結として、アメリカの政府機関とＩＴ産業は、人材の面においても行き来があります。日本では、官僚の民間企業への天下りが批判されますが、アメリカは、もっと酷い。政府から民間企業への天下りと、民間企業から政府への天上がり（？）が頻繁に行われており、この慣行は「回転ドア」と呼ばれています。

例えば、フェイスブックのセキュリティ部門のトップは、二〇一〇年に国家安全保障局に転職しました。ＡＲＰＡの後継組織である国防高等研究計画局（ＤＡＲＰＡ）の元局長レジーナ・ダガンは、グーグルの副社長になりました。ヒラリー・クリントン国務長官の顧問だったマーク・ペンは、その後、マイクロソフトにいました。シリコンバレーと密接な関係にあるスタンフォード大学の教務担当副学長だったコンドリーサ・ライスは、ジョージ・Ｗ・ブッシュ政権の国務長官を務めた後に、ドロップボックス社の役員に天下りしました。

こうした人事交流にも明らかなように、アメリカのＩＴ産業と軍事の間の官民癒着はまさにズブズブであり、日本の官民の比ではありません[19]。

さて、これまでの議論から、なぜアメリカだけがＩＴベンチャー大国で、シリコンバレーにハイテク・ベンチャー企業が集積しているのか、その答えが出てきたように思います。

それは、一言で言えば、アメリカが世界最大の軍事大国だからなのです。

日本がアメリカのようなベンチャー大国になれない最大の理由は、小学校教育のせいでも、規制のせいでも、親方日の丸の文化のせいでも、外国人が少ないからでも、英語が話せないからでもありません。単に、軍事大国ではないからなのです。

第三章　ベンチャー・キャピタルの目利き術

ベンチャー・キャピタルの投資判断

第二章で、ベンチャー企業に対する資金供給源のうちで、ベンチャー・キャピタルの占める割合は微々たるものに過ぎないことを確認しました。

とはいえ、全体に占める割合はわずかだとしても、ベンチャー企業を育成する上で、ベンチャー・キャピタルの存在は、無視できないのではないか。世間であれだけベンチャー・キャピタルの必要性が説かれているわけですから、そういう疑問がわいてきて当然だと思います。ではベンチャー・キャピタルは、ベンチャー企業を創業する上で、どのような役割を果たしているのでしょうか。

一般的に言われているのは、ベンチャー・キャピタルには、成功するベンチャー企業を見出す「目利き」がいるということです。

日本の旧態依然とした銀行では、リスクを恐れて、ハイリスク・ハイリターンのベンチャー企業には手を出さない。ところが、アメリカには「目利き」ができるベンチャー・キャピタリストがいて、将来性のあるベンチャー企業を見抜き、ポンと資金を投入してくれる。そのような話をよく聞きます。

そのアメリカのベンチャー・キャピタリストの「目利き」の秘密、これをぜひ知りたいものです。

そこで、実際のベンチャー・キャピタリストの話に、耳を傾けてみましょう。

例によって、インターネットで検索してみると、「日経ビジネス・オンライン」から「日本でシリコンバレーはまねできる?」というインタビュー記事がヒットしました。

インタビューを受けているのは、伊佐山元氏です。伊佐山氏は、シリコンバレーを拠点にするベンチャー・キャピタル「WiL」の創業者ですから、参考にするのにはうってつけでしょう。政府関係者も、成長戦略の策定のために、伊佐山氏に意見を求めてくるそうです。もっとも、このインタビュー記事を読むと、伊佐山氏の見解は、第一章で参照した赤羽氏に比べると、ずっと穏当なものです。

この記事の中で、伊佐山氏が、ベンチャー・キャピタルがどうやって投資対象を選定しているかを語っている行《くだり》があります。抜粋しておきましょう。

――シリコンバレーは起業家にとって天国のような環境である一方、結果を求める点では日本より厳しいとも聞きます。
伊佐山：その通りです。立ち上げ時に大きく資金を投入してくれる分、ベンチャー・

キャピタルの目線は世界一シビア。投資を受けられたとしても成功が保証されているわけでも何でもありません。資金を提供する方も、自分のお金を入れたり、自分が資金提供すると決めたときの社長がちゃんと働かないと自分も会社を首になります。日本ではそこまでのことにはならない。

そうなると、投資した会社が自分が担当している間につぶれることだけがいやなので、悪い報告を上にあげなくなるんです。シリコンバレーでは、悪い状態を放っておくくらいなら、つぶして別のことをさせるほうが機会損失にならないと判断します。よく、"Life is short"と言ったり、"Time is money"と判断したりして、お互い無駄な時間は止めようよというわけです。また、投資を決める条件として、日本では、ビジネスモデルや売り上げ、技術を重視しますが、シリコンバレーでは、何より「人」を見ます。

――どうやって、また、人の何を見るのでしょう?

伊佐山：一つは、どれだけ、投資を受けたいという起業家や経営者がその事業にコミットメントしているのか。はやっているからとか、お金もうけできそうだからとかという人が、やはり、いるのです。そこで、なぜ、この事業をやろうと思ったのかや起業したいのかをシリコンバレーでは、その人の生い立ちから聞くのが常です。

本当にやりたいのか、起業がかっこいいからやってるだけなのかがすぐ分かります。コミットメント、情熱の強さみたいなものは、事業の成否を分ける最も重要なポイントです。（後略）

世界一シビアなベンチャー・キャピタル

伊佐山氏の発言で注目すべきは、次の二点です。

①ベンチャー・キャピタルの審査は非常に厳しく、投資した会社が悪い状態にあるのを放っておくのならば、潰す。
②ベンチャー・キャピタルは、投資の判断に当たっては、「人」を見る。

まず、①から確認してみましょう。
次のデータは、「CBインサイト」というアメリカの調査会社のブログから引いてきた

図5　ハイテク・ベンチャー企業の最終資金供給から倒産までの期間
（2010〜13年）

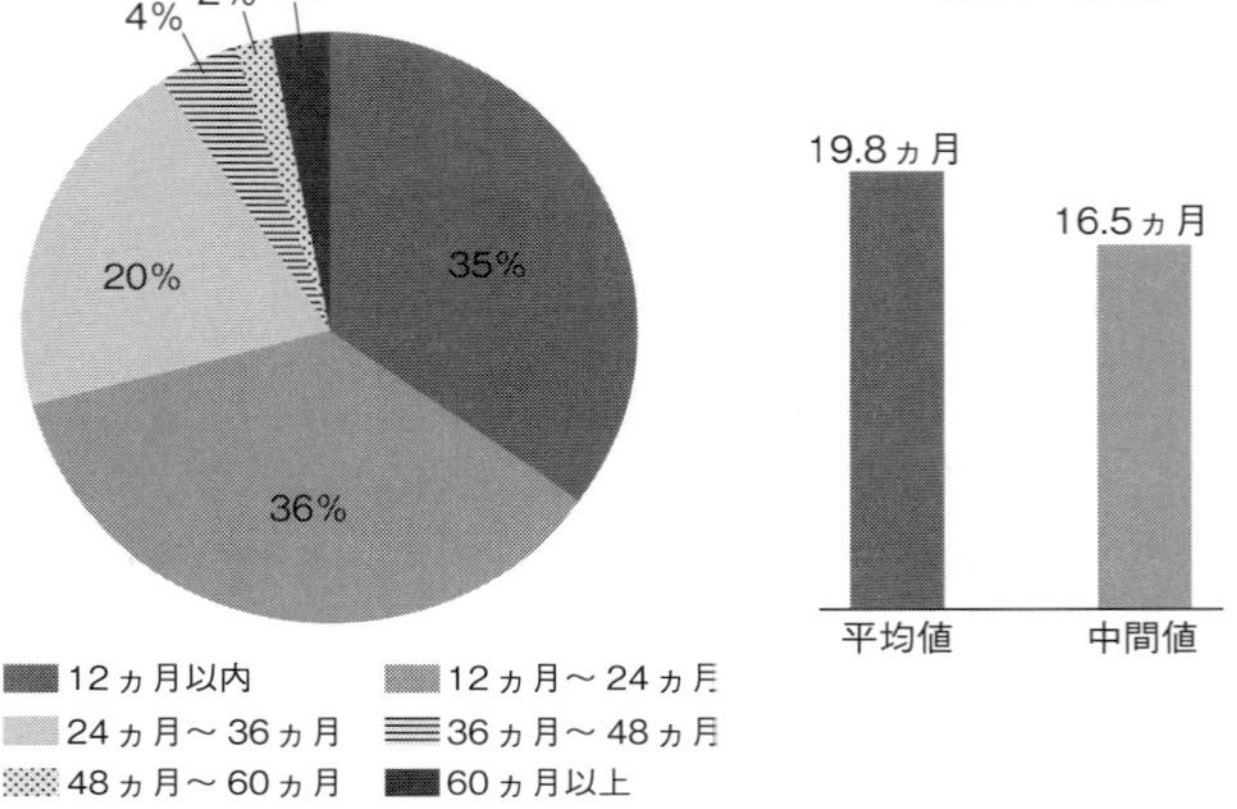

出典：CB INSIGHTS (https://www.cbinsights.com/blog/startup-death-data/)

もので、アメリカのハイテク・ベンチャー企業のうち、倒産したケースについての統計です[20]。

ベンチャー企業というと、成功例ばかりがもてはやされますが、失敗例については、あまり語られることがありません。その意味で、このデータは、ベンチャー企業の実態を把握する上で、非常に貴重なものと言えます。

このデータによると、二〇一〇〜一三年の間に、ハイテク・ベンチャー企業の約七割が、最後に資金供給を受けてから二年以内に倒産しています（図5）。

また、ハイテク・ベンチャー企業の

図6　倒産したハイテク・ベンチャー企業の資金調達額（2010〜13年）

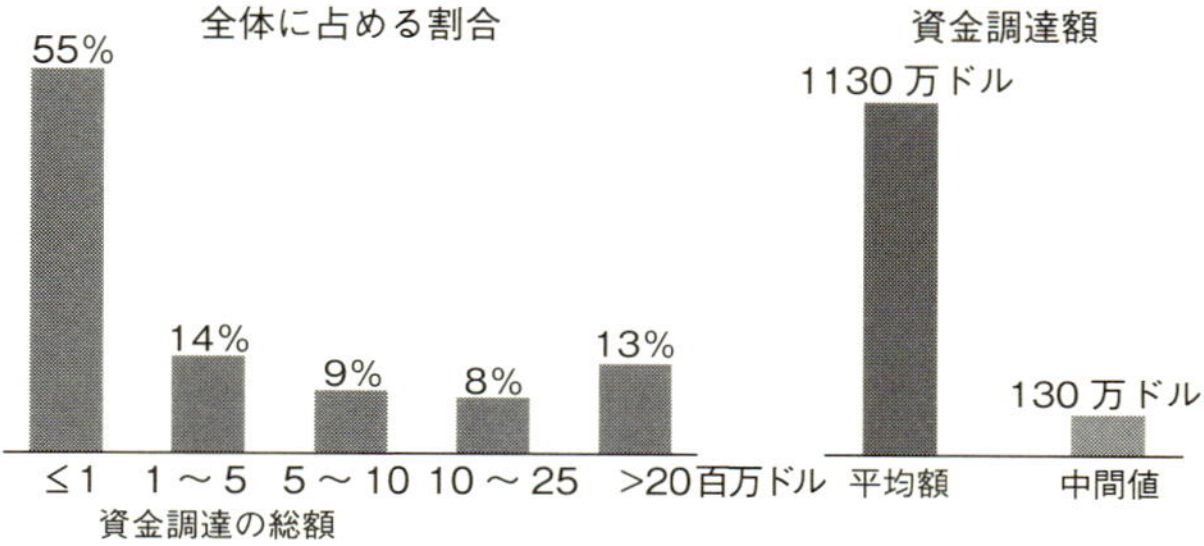

出典：CB INSIGHTS（https://www.cbinsights.com/blog/startup-death-data/）

半分以上が一〇〇万ドル以下の資金調達しかできずに倒産しており、倒産したハイテク・ベンチャー企業が調達した資金額の中間値は、わずか約一三〇万ドルでした（図6）。

このデータを見ると、伊佐山氏が「ベンチャー・キャピタルの目線は世界一シビア」だと言うのも、あながち誇張ではないことが分かります。

同時に、ベンチャー・キャピタルがハイテク・ベンチャー企業に対して、あまり大規模の資金供給をしておらず、しかも多くのハイテク・ベンチャー企業が最後に資金供給を受けてから、二年以内という短期間で潰れてしまうという実態が浮き彫りになっています。

しかし、技術開発には、もっと大規模の資金が必要であり、また二年以内で成果を出すようなことは、とうてい無理でしょう。二年以内に成果が出せるような技術が、画期的なイノベーションであるはずがない。

　ではベンチャー・キャピタルは、ハイテク・ベンチャー企業のイノベーションでなければ、何に対して資金を供給しているのでしょうか。

　それはおそらく、もっぱらハイテクの事業化に対してだと思われます。つまり、イノベーション全体というよりは、その後半部分の事業化に対する投資です。事業化であれば、二年以内に結果を出すというベンチャー・キャピタルの要求に、ベンチャー企業が応えるということもあり得る話です。もっとも、技術が革新的なものである場合には、事業化であったとしても、二年という期間で結果を出すのは難しいかもしれませんが。

　私たちは、ベンチャー・キャピタルがハイリスクでハイリターンな投資を行っているという話を、山ほど聞かされてきたように思います。しかし、伊佐山氏の証言とCBインサイトのデータは、その話が眉唾であることを示しています。

　アメリカのベンチャー・キャピタルは、リスク・マネーを供給してイノベーションを促進してなどいなかったのです。アメリカのベンチャー・キャピタルの実態は、一般に信じられているようなものから、ずいぶんとかけ離れているのです。

　もっとも、私は、ベンチャー・キャピタルには何の存在意義もないと言っているのではありません。ベンチャー・キャピタリストはすべて、胡散臭《うさんくさ》いと言いたいのでもありません。

シリコンバレーには、より長期間にわたって、ハイテク・ベンチャー企業の育成につとめているベンチャー・キャピタリストもいます。例えば、デフタ・パートナーズの会長である原丈人氏は、そのようなシリコンバレーのベンチャー・キャピタリストの一人です。

原氏の経験によれば、「ひとつの技術を完成の目処がたつまでに育て上げるには、平均して七年前後はかかります。これまで二〇くらいの技術に取り組みましたが、その半分は今も進行形、半分くらいは失敗に終わりました。大きな会社にまで育ったのは、たったの数社にすぎません[21]」。

寿命が五年もないようなベンチャー企業にはイノベーションは無理だというのは、この原氏の証言によっても裏付けられます。

ところが、その原氏が「現在のベンチャーキャピタルは、長期間にわたってリスクが存在する場合に資金を出すことができなくなってしまいました」「シリコンバレーでは、もはや『本物のベンチャーキャピタルは死んだ』のです[22]」と嘆いているのです。

ベンチャー・キャピタルを研究するダイアン・マルケイもまた、『ハーバード・ビジネス・レビュー』誌において、同じような指摘をしています。
彼女によると、巷で言われているベンチャー・キャピタルについての次の六つの話は、いずれも「神話」、つまり事実ではないとのことです。

神話1　ベンチャー・キャピタルは、スタートアップ企業に対する主要な資金供給源である。
神話2　ベンチャー・キャピタルに、スタートアップ企業に投資をする際には、大きなリスクをとる。
神話3　ほとんどのベンチャー・キャピタルが素晴らしい助言や指導をしてくれる。
神話4　ベンチャー・キャピタルは、素晴らしいリターンを生み出している。
神話5　大きいベンチャー・キャピタルほど、よい。
神話6　ベンチャー・キャピタルは、イノベーターである。(23)

アメリカのベンチャー・キャピタルについて、日本で言われている話は、いったい何だったのでしょうか。

リスクをとるということ

原氏は、シリコンバレーのベンチャー・キャピタルは、もはやリスクをとらない単なる金融業になり果てたと断じています。

「今や安全を見極めることが、アメリカのベンチャーキャピタルにとって好ましい投資基準となってしまいました。リスクを見極めてそれを引き受けるのではなく、リスクを分散させる手法ばかりが流行しているのです[24]」

その一方で伊佐山元氏は、別の記事の中で、シリコンバレーにおける「リスク」の意味が、日本とはニュアンスが違うのだと述べています。

日本では、「リスク」という言葉からは、失敗した場合にはすべてを失い復帰不可能になりかねない危なっかしい行為が連想されます。しかし、シリコンバレーでは『『リスク』には『計算された行動で、うまくいった場合の成果が大きい』という意味合いが強い』のだと伊佐山氏は言います。シリコンバレーのベンチャー・キャピタルは「リスク」を積極的にとりに行きますが、その「リスク」とは、あくまでも「計算された行動」だというのです[25]。

なるほど、伊佐山氏の話は、ベンチャー・キャピタルの投資が、二年程度の短期のものであるという統計データとも合致する見解です。遠い先の将来であればあるほど、リスクを計算することは難しくなります。したがって、計算されたリスクを考慮するのであれば、投資の期間は短くなって当然です。

しかし、ベンチャー・キャピタルが考慮するリスクが計算されたものであるということは、ベンチャー・キャピタルには、やはりイノベーションを促す投資は無理だということになるのではないでしょうか。

イノベーションの研究者である武石彰、青島矢一、軽部大の三氏は、イノベーションとは、「不確実性」に向けた資源動員であると述べています[26]。

そもそもイノベーションとは、事前には、その結果を知ることができないような活動のことを指します。人間は、将来のことについて、正確に知り得ません。それにもかかわらず、結果の見えない不確実な将来に向かって、投資や開発といった行動を起こさなければ、イノベーションは実現しません。

ここで重要なのは、このイノベーションが直面する「不確実性」とは、本質的に、「事前には結果を計算できないような将来」のことを意味するということです。

計算できない不確実性に直面するということに投資活動の本質がある。この点を最大限に強調したのは、二〇世紀最大の経済学者であるジョン・メイナード・ケインズでした。

ケインズは、こう述べています。

十分な結果を引き出すためには将来の長期間を要するような、なにか積極的なことをしようとするわれわれの決意のおそらく大部分は、血気――不活動よりもむしろ活動を欲する自生的衝動――の結果としてのみ行われるものであって、数量的確率を乗じた数量的利益の加重平均の結果として行われるものではない。[27]

（中略）

ただわれわれは次のことを想い起こしているのである。すなわち、将来を左右する人間の決意は、それが個人的なものにせよ政治的なものにせよ経済的なものにせよ、厳密な数学的期待値に依存することはできず――なぜなら、そのような計算を行うための基礎が存在しないからである――車輪を回転させるものはわれわれの生れながらの活動への衝動であって、われわれの合理的な自己は、可能な場合には計算をしながらも、しばしばわれわれの動機として気まぐれや感情や偶然に頼りながら、できるかぎ

り最善の選択を行っているのである。(28)

つまり、ケインズが言っているのは、投資という行為は、将来に起きることを確率論的に計算することができず、結果が見えないままに行うものなのであって、投資家は、合理的な計算の結果としてではなく、非合理的な衝動（ケインズは「血気」と呼んでいますが）にかられて、投資を決断するのだということです。

また、イノベーションの理論家として知られるジョセフ・アロイス・シュンペーターは、『経済発展の理論』の中で、次のように述べています。

軍事行動は、潜在的には入手可能なデータのすべてが入手できなくても、ある一定の戦略的位置付けの中で遂行されなければならない。同様に、経済生活においても、なすべきことがすべて詳細に決まっていないまま、行動を起こさなければならない。この場合、すべての成功は直観にかかっている。直観とは、すなわち、その時は分かっていなくても、事後的に正しいと判明することを見通すことのできる能力であり、原理を説明できないにもかかわらず、本質的事実をつかみ取り、本質的でないものは捨

て去ることのできる能力である。(29)

シュンペーターもまた、ケインズ同様、計算不可能な不確実性というものを重視しています。将来、何が起こるのかは計算不可能である。それにもかかわらず、企業家は、その不確実な将来に向かってイノベーションという行動を起こさなければならない。そこで企業家は、「直観」に従ってイノベーションへと踏み出すのだとシュンペーターは言います。

「計算された行動で、うまくいった場合の成果が大きい」などといった程度の行為から、イノベーションが生まれることなどあり得ない。シュンペーターならば、そう言っただろうと思います。

リスク計算の罠

ベンチャー・キャピタルにとっての「リスク」が「計算されたもの」であるならば、人間の予測能力の限界からして、リスクを計算することができる未来というものは、数ヵ月、あるいはせいぜい一～二年という短期の未来にならざるを得ません。それゆえに、長い時間がかかるイノベーションのリスクを評価できない。ベンチャー・キャピタルがとる「リスク」が、伊佐山氏の言うとおり、本当に計算されたものなのだとしたら、ベンチャー・キャピタルが画期的なイノベーションのためにリスク・マネーを供給することはあり得ません。

それだけではありません。計算された短期のリスクであっても、そのリスクを積極的にとりに行くという投資行動には、実は、大きな問題をはらんでいます。

一九九八年、LTCMというファンドが破綻し、ニューヨーク連邦準備銀行が介入してこれを救済しました。もし、LTCMの破綻が放置されていたら、世界金融市場は崩壊しただろうと言われています。

さらに二〇〇七年、アメリカで住宅バブルが崩壊し、サブプライム危機と呼ばれる金融危機が起き、翌年にはリーマン・ショックとして知られる世界金融危機が起きました。いずれの金融危機も、金融機関がリスクを計算していなかったから起きたのではありません。その逆です。

LTCMというファンドには、金融工学の業績によってノーベル経済学賞を受賞したマイロン・ショールズとロバート・マートンが参加し、最先端の金融工学を駆使してリスクを計算していました。

また、サブプライム危機に至るまでの二〇〇〇年代前半、格付会社は金融工学の手法を用いて格付けを行い、投資家はその格付けを参考にして投資を行っていました。

このように金融機関は、金融工学によってリスクを計算していました。それにもかかわらず、金融危機は起きたのです。いや、もっと正確に言えば、金融機関がリスクの計算に自信をもっていたからこそ、金融危機を引き起こしてしまったのです。

サブプライム危機を例にとりましょう。

格付会社は、サブプライム・ローン関連証券に対して、過去五年間程度の類似の証券や住宅ローンの破綻確率を統計的に処理して、格付けを行っていました。

ところが、住宅バブルが発生し、担保となる住宅価格が高騰したので、借り換えによって過去のローンを返済できるようになりました。本来であれば、住宅ローンを返済できなかったはずの人々も、破綻しなくてすむようになったのです。サブプライム関連証券の破綻確率は下がったかに見えました。

そこで格付会社は、サブプライム・ローン関連証券の格付けを引き上げました。高い格付けを得たサブプライム・ローン関連証券はますます買われるようになり、住宅バブルが助長されました。

しかし、住宅バブルが崩壊すると、借り換えによるローンの返済はできなくなります。こうして、サブプライム・ローン関連証券の破綻がいっせいに始まり、金融市場は崩壊したのです。格付会社は、確かに金融工学を駆使して、リスクを計算していましたが、リスク計算の元となっていた住宅価格の上昇自体が根拠のないものだったのです。

日本も一九八〇年代後半に経験しましたが、金融資産の価格というものは、人々が将来を楽観していれば上昇し、上昇が始まれば楽観はますます強まるというスパイラルが起きて、あり得ないほどに上昇します。そして、いずれ何かのきっかけにより価格が下がり始めると、今度は逆のスパイラルが発生して、バブルが崩壊します。その間、金融資産の本当の価値が上がったり下がったりしたわけではありません。単に、人々の気分が上がったり下がったりしただけです。

金融資産の価格は、将来そこから得られるであろうリターンの予測によって決まりますが、将来を正確に予測することなど、誰にもできません。このため、どうしても人々が共有する雰囲気や気分によって大きく左右されることになります。

このように、当てにならない金融資産の価格を根拠にしている以上、いくら精緻な確率論によって金融資産のリスクを計算したとしても、そんな計算結果が信用できるはずはありません。しかし、LTCMも格付会社も、リスク計算というものを過信していました。だから、金融危機という巨大なリスクを計算できなかったのです。

こうした金融危機が示す教訓とは、リスクというものは、計算されたものであったとしても、積極的にとりに行くべきものではないということです。

ところが、ある年の『経済財政白書』は、「リスクに立ち向かう日本経済」と題して、日本経済が低成長である理由の一つは、日本企業がリスクをとることに及び腰だからであるという分析を示しました。そこで『白書』は、家計の金融リテラシーを高め、家計から企業へのリスク・マネーの供給を促すべきだと提言したのです。

皮肉なことに、この『白書』が出された一ヵ月後に、リーマン・ショックが勃発しました。つまり、この『白書』は二〇〇八年度版だったのです。もし、『白書』の提言が実現していたら、日本経済はもっと大変なことになっていたところでした。

社会学者のロナルド・ドーアは、この笑うに笑えないエピソードを引きつつ、アメリカ経済を理想にして日本経済を改革しようとする官僚を厳しく批判しています。ドーアは、「経産省が国民にリスク・テークしろとお説教することはないと思う」[30]と述べていますが、私もまったく同感です。

リスクをとるということは、失敗したら財産を失い、場合によっては路頭に迷うということです。だいたい、自分たちは官僚というリスクの少ない安定した立場にいながら、国民に対してリスクをとれなどと奨励するなんて、トチ狂っているとは思いませんか？　官僚ごときに「リスクをとる姿勢が欠けている」などと「上から目線」で説教されて、国民は腹が立たないのでしょうか。

ベンチャー・キャピタルの判断基準

さて、再び、伊佐山氏の証言に戻って、今度は、ベンチャー・キャピタルが投資判断するに当たり「人」を見るという点について、検証してみましょう。

ベンチャー・キャピタルが、「人」を見るという話は、大変、興味をそそられるものがあります。普通の企業でも、人材を評価するのは非常に大事ですが、難しいことです。とりわけ「採用」は、どんな人間だかわからない人材を目利きするのですから、まさに至難の業でしょう。

もしベンチャー・キャピタルに、成功しそうな起業家を見抜く目があるというのであるならば、相手の何を見ているのか、是非、その極意を知りたいものです。

伊佐山氏は、ベンチャー・キャピタルは起業家の「コミットメント、情熱の強さみたいなもの」を見ているのだと言います。しかし、出資を受けたい起業家は誰でも、コミットメントや情熱を必死にアピールするでしょう。その中から嘘と本当を見抜く眼力が、どうやらベンチャー・キャピタルにはあるらしいのです。

しかし、別の調査は、伊佐山氏の言うこととは、いささか違った答えを示しています。

ベンチャー・キャピタルのトップ五社が二〇一一～一三年前半に出資したシリコンバレーの八八社を対象に、ロイター社が調査を実施したところ、このうちの七〇社の創業者は、「大手IT企業での幹部職経験者や、影響力を持つ人物と関係のある会社に勤めていた人」か、「すでに起業の経験がある人」か、「スタンフォード大学、ハーバード大学、マサチューセッツ工科大学（MIT）のいずれかで学んだ人」でした。(31)

要するに、ベンチャー・キャピタルが出資するIT起業家には、平均的国民よりも裕福で学力が高く、ビジネスのコネをもった人物が多いというのです。

ベンチャー・キャピタルは、「人」の何を見ているのかと言えば、何のことはない、学歴・職歴とコネを見ていたに過ぎなかったというわけです。言い換えれば、シリコンバレーというのは、エリート限定の閉鎖的な共同体だったのです。

そうであるならば、ベンチャー・キャピタルがとる「リスク」が計算されたものであるという伊佐山氏の話も、合点がいきます。学歴・職歴あるいはコネといった要素であれば、ある程度計算することが可能だからです。しかしそうだとすると、今度は、起業家のコミットメントや情熱を見ているという話の方が怪しくなってきます。なぜなら、コミットメントや情熱は、計算することが難しい要素だからです。

もちろんベンチャー・キャピタルは、起業家のコミットメントや情熱も考慮してはいるのでしょう。しかし、それも、輝かしい学歴や経歴をもつ起業家という母集団の中から、コミットメントや情熱のある者を選んでいるというに過ぎないのではないでしょうか。

伊佐山氏は、シリコンバレーのベンチャー企業には、失敗しても再挑戦する機会が与えられていると言います[32]。それに対して、日本では、一度失敗すると、すべてを失い、復帰することが不可能な環境にある。その環境を変えて、シリコンバレーのように、失敗しても再挑戦できるようにしなければならない。これは、日本とシリコンバレーのビジネス環境の違いとして、多くの論者が指摘してきたところです。

しかし、先ほどのロイター社の調査では、シリコンバレーの創業者の多くは、学歴やコネのあるビジネス・エリートです。大手ＩＴ企業の元幹部やスタンフォード大学出身のエリートであれば、失敗しても再挑戦する機会は、普通のビジネスマンよりもあるでしょう。

もっと言えば、シリコンバレーに限らず、日本においても、大手ＩＴ企業の元幹部や米国の超一流大学出身の起業家であれば、一度や二度、失敗したとしても、またベンチャー・キャピタルの投資を受けられる可能性はより高いのではないでしょうか。

もちろん、学歴も起業の経験もなく、コネもないけれど、コミットメントや情熱だけはある起業家が、ベンチャー・キャピタルからの出資を勝ち得て、かつビジネスが成功したという事例も、まったくないわけではないのでしょう。しかし、そうした事例は、ごく少数であろうと思われます。

なぜ、そう思うのか。それは、人を見る目をもつということが、とてつもなく難しいことだからです。

人を見るということ

人を見るということについては、江戸時代の儒学者・荻生徂徠《おぎゅうそらい》が、実に興味深いことを述べています。二五〇年以上も前の言葉ですが、人材の目利きに関して、これにまさるものはないと私は思います。

徂徠によれば、人をただ見ただけでその器量を見抜くなどということは、誰にもできはしません。

されば人を知るというは、いかようにして知るぞというに、その人を一日まぶりおりたればとて、その人の器量は知れぬ事也。然るに愚なる人は、大将の目がねといいて、名将は一目みても器量ある人を知るなどいうように覚ゆる也。それを愚なる人は誠と心得、己が眼力にて器量ある人を見出さんとす。占か神通に非んば知れぬ事也。(33)

名将は一目で人材が分かる目利きだなどというのは、愚か者が信じていることだと徂徠は言います。ベンチャー・キャピタルは優れた起業家の目利きであるなどという話も、徂徠だったら「愚なる人」の思い込みだと言ったでしょう。

ならば、どうやれば、人材の優劣を見抜くことができるのでしょうか。徂徠の答えは、人材を評価するには、実際に使ってみることだというものです。しかも、ただ使うのではなく、あれこれ指示をせずに、好きなようにやらせてみるのがよいというのです。

かくの如きさまざまの子細によりて、手前の目がね、手前の才智にて人の器量を知らんとする時は、必ず誤ある事也と知るべし。これによりて、人の器量を知る事は、その人を使うて見てその器量を見る事、古よりの道也。但し使うというにさまざまの差別あり。人を使うてその器量を知るというは、上より物ずきを出さず、兎せよ、角せよと差図をせず、その人の心一ぱいにさせて見る事なり。(34)

これは、組織で働いている人ならば、思わず膝を打つような優れた洞察ではないでしょうか。

徂徠の人材目利き術が卓越していると思う理由は、彼が人間の能力というものはどういうものであるかについてプラグマティックに理解していることがよく分かるからです。

人間の能力というものは、「潜在能力」と言われるように、潜在していて、外からは見えない面がかなりあるという特徴があります。潜在能力は、顕在化しないと評価できません。しかし、人の潜在能力が顕在化するためには、少なくとも、その人を長い年月をかけて評価する必要があります。また、その人が置かれた状況によって、どのように行動したのかを観察する必要もあります。

例えば、技術開発の現場では、あまりぱっとしなかった技術者に、試しに技術開発部門の管理業務を任せたところ、優れた才能を発揮したなどということがあるでしょう。あるいは逆に、部下としては優秀だった社員が、出世して管理職になったとたんに、マネジメント能力のなさを露呈するといったことは、よくあることでしょう。

高学歴である上に明るい性格で、情熱もあるように見えるので、大いに期待して採用した社員が、仕事をまかせてみたら、からきし駄目だったなどということもあるでしょう。会社の業績がうなぎ上りである間は輝いて見えた出世頭の幹部が、会社が危機に陥ったとたんに、責任逃れを繰り返し、かつ本人も鬱になって、何の役にも立たなかったなどということもあるのではないでしょうか。

人と人との相性の問題もあります。うだつの上がらなかった社員が、ある部署での優れた上司との出会いによって、その才能を開花させるということがあります。無能な上司の下で才能を発揮できずにくすぶっている隠れた人材というものは、どこの会社にもいるものです。

このように、人間には適性というものがあるので、人間の能力は、いろんな状況に置いてみて、年月をかけて観察しないと、正確に測ることができないのです。そうしないと、高く評価されるのは、口のうまいお調子者とか、評価者の好みにあった者だけということになりかねません。

さらに言えば、人間の能力は、長い年月を経て経験を積むことで、成長するものです。しかも、能力は、長年の経験によって形成されるのですから、最初から将来の成長を織り込んで、人間の能力を評価することなどできません。経験によって成長した能力まで見届けて評価するには、その人を何年、何十年と見続ける必要があります。

人間の能力をより正確に評価するためには、何年、何十年と、同じ場所で一緒に働く必要がある。これが意味することは、「企業組織というものは、人間の能力をより正確に評価するためのシステムだ」ということです。

伊佐山氏は、ベンチャー・キャピタルが起業家の目利きをする際には、その人の生い立ちから聞くのが常だと述べていました。

人間の能力の評価には長い時間をかけなければならないのですが、ベンチャー・キャピタルにはそれができない。そこで、「生い立ち」に着目するというのは、確かに理にかなっています。しかし、「生い立ち」など、起業する前の過去のデータに過ぎない。それに「生い立ち」を聞いたところで、しょせんは起業家の自己申告に過ぎず、客観的な評価ではあり得ません。

また伊佐山氏は、ベンチャー・キャピタルにとっての「リスク」とは、計算されたものだと述べていました。しかし、人間の潜在能力とか成長力といったものは、事前に計算することができないリスクの最たるものです。

要するに、ベンチャー・キャピタルには、起業家の目利きなど、できるわけがないのです。そんなことは、徂徠に言わせれば「占か神通に非んば知れぬ事也」というわけです。

だから、ロイター社の調査が明らかにした通り、ベンチャー・キャピタルは、大手IT企業の元幹部とか、起業経験者、あるいは超一流大学の卒業生といった、外形的な基準によって起業家を判断しているのです。

第四章　最強の起業家は誰か

大企業からイノベーションが生まれない理由

「東洋経済オンライン」に「大企業からイノベーションが生まれない理由」と題したインタビュー記事があります。インタビューを受けているのは、第三章でご登場いただいたベンチャー・キャピタリストの伊佐山元氏。インタビュアーは東洋経済オンライン編集長の山田俊浩氏です。

このインタビュー記事は、伊佐山氏のベンチャー・キャピタルが、優れた経営資源をたくさんもった大企業であるソニーと協力して、うまく事業を進めているという話です。記事のタイトルから受ける印象とは若干異なり、大企業にはイノベーションは無理だという話では必ずしもありません。また、伊佐山氏は実際の経験に基づく、地に足の着いた議論をしており、なかなか面白い。

ただし、今回注目したいのは、このインタビューの中の次のやり取りです。

山　田：大企業は撤退が苦手ですね。いったん始めると止められない。「社長直轄だから」「実力専務のプロジェクトだから」という具合におかしな作用が働いてしまう。

伊佐山：大企業の場合は、プロジェクトを始める前にものすごい時間を調整に使うので、1回走り出したら止めにくい。準備期間が多ければ多いほど、迷惑をかける関係者が多くなってしまう。ビジネス・スクールでは「Escalation of commitment」（立場固定）という言葉で習いますよね。

その点、僕らはパッと始めて3ヵ月後うまくいかなければ、「はい潰しましょう」と言って潰す。当事者に「潰そう」って言わせるのは、すごく心理的にハードルが上がるので、僕が潰せばいいんです。「ごめんなさい。僕が潰します。皆さんは3ヵ月間いろいろやってもらってご迷惑をかけたけれど、皆さんが悪いわけじゃなくて、僕の見立てが悪かった。また新しいプロジェクトをやりましょうね」って言ってしまえばいい。こうすれば、お互い無駄な時間とリソースを費やさずにハッピーだと思うんですよね。(35)

大企業は意思決定に時間がかかり、いったんプロジェクトを始めると、なかなか撤退できない。山田氏と伊佐山氏は、大企業の組織の硬直性を批判するのですが、こうした大企業批判は、新聞の経済面やビジネス雑誌が好んで取り上げるものです。

また、大企業は技術シーズを埋もれさせているという批判も、よく聞きます。すでに確認したように、日本でもアメリカでも、特許出願数という指標で見れば、大企業の方がイノベーションの主役です。しかし、発明（技術シーズ）が多いからといって、イノベーションが起きているとは必ずしも言えません。というのも、技術シーズを事業化までもっていくことができなければ、イノベーションとは言えないからです。

この技術シーズを事業化することが、大企業には不得手だという批判は、数多くあります。例えば、第一章で参照したように、コンサルタントの赤羽雄二氏は、日本の「製造大企業・中堅企業には膨大な技術シーズと人材が埋もれている」が、活用できておらず、「米国やアジア諸国であればとっくに起業し大成功できる人材も、多くが日々不満をもらしつつ、親方日の丸にしがみついているのではないか」と述べていました。

こうした大企業批判は、非常に人気があります。実際に大企業で働いている人が、「うちの会社でも、あるある」と納得したくなる話です。

しかし、これは本当の話なのでしょうか。例によって、疑ってかかることにしましょう。

それを確かめるのにうってつけの本があります。イノベーション研究の専門家である武石彰、青島矢一、軽部大の三氏が著した『イノベーションの理由――資源動員の創造的正当化』です。この共同研究は、優れた技術革新に与えられる大河内賞を受賞した事例のうちから、事業化にまで成功したもので、かつ大企業による二三のケースに絞って、そのイノベーションの過程を精緻に分析した大変な労作です。

大企業におけるイノベーションの理由

武石・青島・軽部の三氏は、イノベーションとは「不確実性に向けた資源動員」であるが、この「不確実性」と「資源動員」の間には、根本的な矛盾があるということに着目します。

というのも、イノベーションを実現するには、資金や人材などの資源を動員する必要がありますが、動員のためには、関係者を説得しなければなりません。企業内であれば、まずは直属の上司、関係部署の長、そして最終的には社長を説得しなければなりません。企業外であれば、金融機関や取引先の理解を得る必要があります。大規模で画期的なイノベーションほど、資源動員に必要な説得の理由付けがいっそう重要になるでしょう。

しかし、イノベーションの「不確実性」とは、事前に結果の正否を技術的にも経済的にも評価することが難しいということを意味します。では、事前に、結果の正否を評価できないような事業に向けて資源を拠出してもらうために、どうやって関係者を説得すればよいのでしょうか。

これは大変に難しいことですが、「不確実性」にもかかわらず「資源動員」を実現するという矛盾を克服しなければイノベーションは実現できません。ですから、その資源動員を正当化するための理由を見つけることこそがイノベーションの成功の鍵であると、武石・青島・軽部の三氏は見事に喝破しました[36]。

その上で武石氏らは、大企業は、イノベーションを起こすのに好都合な環境、つまり資源動員を正当化しやすい環境に恵まれているという議論を展開しました。

彼らの議論を要約すると、大企業には、次の四つの好条件があります。四つとも、イノベーションというものの本質をとらえた、非常に重要なものです。

第一に、大規模な企業組織は、企業のトップに強大な権限が与えられているため、イノベーションの推進者は企業のトップの同意さえ得られれば、必要な資源を組織内部から得ることが可能です。

これがもし、小規模なベンチャー企業だったら、イノベーションの推進者は組織内部からの資源では足りないので、外部にも広く資源を求めなければなりません。そのため、広範囲にわたって、イノベーションの理由を説得して回らなければならないのです。大企業であれば、そのような手間は必要ありません。

伊佐山氏は、先に引用したインタビュー記事の中で、大企業のプロジェクトは開始するまでの調整に時間がかかると指摘していましたが、それはおそらく、大企業の場合、プロジェクトの規模が大きいからでしょう。同じ規模のプロジェクトであれば、社長を説得すれば開始できる大企業の方が、会社外の多くの人々を説得して回らなければならないベンチャー企業よりも、はるかに調整は楽に済むはずです。

第二に、伝統ある企業組織は、たいてい、単純な営利目的を超えた組織固有の価値観をもっており、これがイノベーションを正当化する理由になります。

イノベーションとは、期待できる成果を事前に経済的に計算できないものなので、イノベーションを正当化する理由を利益計算によって示すことは、非常に困難です。しかし、もしイノベーションの推進者が、所属する組織内で共有された価値観を理由とすることができれば、期待される利益の計算において多少劣っていたとしても、社内を説得することができ、資源動員が可能になります。

武石氏らの調べた事例では、東北パイオニア／パイオニアが有機EL技術の開発に着手した際の理由は、「優れた映像・音響を社会に提供する」という同社の価値観に合致していたという面が大きかったとのことです。あるいは、オリンパス光学工業（現・オリンパス）の超音波内視鏡の開発も、人の命を救いたいという使命感や難しい課題に挑戦したいという意欲といった、経済性以外の価値観に支えられていました。

第三に、大企業では、組織メンバーがいつも一緒に働いているので、イノベーションの推進者がもつイノベーションの理由に関する情報、知識あるいは信念といったものを共有したり、共感したりすることが容易な環境にあります。大企業の職場の同僚であれば、いつも付き合っているので、くどくど説明しないでも、自分の気持ちを分かってくれるというわけです。

ベンチャー企業の場合は、普段から情報や知識や信念を共有していない組織外部の他者に対して、自分のアイディアを説得して回らなければなりません。しかし、イノベーションというものは、結果を事前に説明することがきわめて難しいものですし、革新的なアイディアであればあるほど、他人には理解しがたくなりますから、説得は困難を極めます。

この点は、第一章で論じた点とも関係しています。

赤羽雄二氏は、企業の英語公用語化を提言していましたが、私は施光恒《せてるひさ》氏の本を引用しつつ、それを厳しく批判しました。なぜならば、母語以外の言語によって、イノベーションの理由に関する情報、知識、信念の微妙なニュアンスを正確に伝えることは、母語で説明するよりも困難であることは明らかだからです。英語公用語化を推進した企業からは、イノベーションは間違いなく生まれにくくなるでしょう。

また、伊佐山氏は、ベンチャー・キャピタルは、起業家の情熱を見て判断すると述べていました。それはそうかもしれませんが、その情熱が本物であるかどうかを判断することは、きわめて難しい。というか、ほとんど無理でしょう。しかし、同じ職場で長く一緒に働いてきた同僚であれば、その人の情熱や本気度は、だいたい察しがつく。

イノベーションには、その推進者のもつ情熱という経済合理性を超えたものが大事だ、というのは事実です。だからこそ、企業組織内の方がイノベーションを起こしやすいというわけです。

第四に、大企業が事業を多角化している場合には、組織内部の価値観も多様化しているので、イノベーションの推進者は、イノベーションを正当化する理由を見つけ出しやすくなります。

例えば、ある部署で偶然生まれた技術シーズが、その部署の担当事業では使えなかった場合でも、別の部署の担当事業では使えるということが、大企業内であれば、あり得ます。これが、専業のベンチャー企業であれば、ある技術シーズが自社の事業以外で使えるものかどうかに気づくことは難しいでしょう。仮に気づいたとしても、資源に余裕のないベンチャー企業では、その技術シーズの事業化に乗り出すことは難しいでしょう。

また、イノベーションには、多様な価値観がぶつかりあって、新たなアイディアが生まれるような環境が必要です。まさにシリコンバレーは、そういう場だとして称賛されてきました。しかし、事業を多角的に展開している大企業グループもまた、そのような多様性を生み出す環境を提供しているのです。

興味深いことに、武石氏らは、大企業内部での人事ローテーションが功を奏して、イノベーションが実現することがあると指摘します。一例をあげると、松下電子工業（現・パナソニック）におけるGaAsパワーモジュールの開発は、同社の研究者が松下電器産業の光半導体研究所に異動し、異動前の部署では認められなかったパワーモジュールの開発が承認されたことで実現したものでした[37]。

なお、武石・青島・軽部の三氏の研究は日本企業を対象にしたものです。このため、

「大企業の方がイノベーションを起こしやすいというのは日本の話で、アメリカは違うだろう。例えばシリコンバレーでは……」という反論が出るかもしれません。

しかし、ベンチャー企業は画期的なイノベーションには不向きであるというのは、何も日本に限られたことではありません。それは、アメリカでも同じなのです。例えば、マサチューセッツ工科大学産業生産性調査委員会は、一九八九年に作成したアメリカの産業競争力に関するレポート『Made in America』の中で、次のように指摘していました。

本調査委員会の半導体産業グループの報告では、過去二〇年間にわたって、アメリカの若い半導体外販産業の特徴は、不安定で人の移動が激しく、新しいベンチャー企業がどんどんできることにあるとしている。新しくできた企業は、当初はきわめて革新的であるものの、往々にして急展開する技術の最前線から取り残される傾向がある。企業の多くは、費用のかかる製品開発プロジェクトを推進する資金力を欠き、また、この循環の激しい産業の景気下降局面を乗り切る資金力も不足している。市場での主導権は入れ替わりやすく、従業員の平均年間離職率も二〇パーセントと高い。この不安定さと高い離職率も、視野を短期的にする要因となっている。部品供給業者および顧客との長期にわたる取り組みも行われていない。従業員に対する訓練もほとんどなく、蓄積した経験が離職と解雇で失われてしまうことも多い。優れた技術も、いち早く現金化することにあらゆる努力が払われる結果、国内外の企業にライセンスされ、それが競合会社になってしまうことも多い[38]。

硬直した組織がイノベーションを起こす

先ほど引用した伊佐山氏へのインタビュー記事の中で、インタビュアーの山田氏は、大企業では、「『社長直轄だから』『実力専務のプロジェクトだから』という具合におかしな作用が働いてしまう」ため、いったん始めたプロジェクトからはなかなか撤退しない傾向にあることを問題視していました。

しかし、『イノベーションの理由』によれば、大企業内の「社長直轄だから」といった作用こそが、イノベーションのための大規模な資源動員を容易にするのです。

同書が挙げている事例によれば、例えばセイコーエプソンの自動巻発電クオーツウォッチの場合、一九七五年に特許出願されていたアイディアが、八二年に研究者の個人的関心から開発テーマとして再浮上し、八五年には試作品が完成しました。しかし、経済合理性の見通しを示すことができず、販売部門の反対にあって、開発は中止されます。それを救ったのが、先進的な技術の開発と事業化を重視していた当時の副社長とドイツ現地販売会社社長の二人でした。

自動巻発電クオーツウォッチは、まさに「企業トップのプロジェクトだから」という作用が働いたおかげで、確固たる成功の見通しも販売部門の支持もないにもかかわらず、開発が継続されることになりました。そして、紆余曲折を経て、一九九一年になってやっと成功を収めました。最初の特許出願から数えれば、実に一六年の歳月を要したわけです。

もし、コンサルタントの赤羽雄二氏がセイコーエプソンのトップだったら、一九七五年に生まれた技術シーズを何年も埋もれさせないで、さっさとベンチャー企業に売却していたことでしょう。しかし、それで自動巻発電クオーツウォッチが実用化していたかは、はなはだ疑わしい。大規模に資源を動員できる大企業セイコーエプソンの中で埋もれていたからこそ、自動巻発電クオーツウォッチの技術シーズは一六年後に日の目を見たのではないでしょうか。

また、花王の小型濃縮洗剤「アタック」も、「社長直轄だから」という作用が働いたおかげで成功した事例です。花王では、一九六九年から洗剤粒子の小型濃縮化に取り組んできましたが、一九七〇年代における小型濃縮洗剤は、消費者の支持を得られず、失敗に終わりました。その後、技術者たちは転動造粒技術とアルカリセルラーゼの発酵生産技術という、小型濃縮化と洗浄力向上を実現する画期的な技術の開発に成功しました。しかし、過去の失敗の経験に加え、市場が伸び悩んでいたこともあり、その事業化にあたっては、社内の抵抗が根強くありました。その抵抗を押し切って事業化を決断したのは、当時の社長でした。

自動巻発電クオーツウォッチもアタックも、山田氏の言うところの「おかしな作用」が働いたおかげで事業化に成功したのです。

確かに、二つとも、経済合理性の観点から見れば、開発を中止するのが妥当であり、それを続けたのは「おかしな作用」が働いたからと言うべきかもしれません。しかし、イノベーションという経済合理性では測ることができない行動を起こすには、「おかしな作用」こそが必要なのです。

伊佐山氏は、大企業のプロジェクトは、一回走り出したら止めにくいという傾向にあると指摘し、それを「ビジネス・スクールでは『Escalation of commitment』（立場固定）という言葉で習いますよね」と述べています。

しかし、自動巻発電クオーツウォッチやアタックに限らず、『イノベーションの理由』が見出した事例はいずれも、何年もの年月をかけて継続されたプロジェクトです。富士写真フイルム(現・富士フイルム)のデジタルX線画像診断システムに至っては、二〇年もかかりました。まさに「立場固定」がなければ成功しなかったものばかりです。

ちなみに『イノベーションの理由』が調査対象にしたイノベーションの事例は二三件ですが、商品を着想してから、あるいは技術シーズの開発に着手してから、その事業化に成功するまでに要した期間を計算すると、平均九・二年にもなります。このうち、五年以上かかった事例は一七件、さらにその中で一〇年以上かかった事例は九件、さらにその内の五件は一五年以上も要したのです。逆に最も短期間で事業化に成功したものでも一年はかかっていますが、それは一件だけ。次に短い事例は二年ですが、これも一件のみです(39)。

もし、これらの二三件の事例に、伊佐山氏のベンチャー・キャピタルが関与していて、「パッと始めて3ヵ月後うまくいかなければ、『はい潰しましょう』と言って潰す」というようなことをしていたら、事業化に成功するものは一つも出なかったでしょう。

もちろん、「社長直轄だから」というおかしな作用や「立場固定」のせいで失敗することも少なくないでしょう。武石氏らも、大企業内のイノベーションの理由の正当化を促す四つの条件が悪い方向へと作用し、イノベーションを阻害する場合もあることを認めています。[40]

大企業組織の内部で技術シーズや人材が埋もれるようなことがあった場合には、ベンチャー・キャピタリストやコンサルタントたちがよく推奨するように、組織の外へとスピンアウトして、より広く資本市場へと外部資金を求めるという選択もあり得るのかもしれません。「ただし、組織外であれば、固有の理由が理解される可能性が減るおそれがあり、革新的なアイデアがそこで理解される保証はない[41]」のです。

つまり、社内で支持者を獲得できずに失敗したプロジェクトは、社外では、なおさら失敗する確率が高くなるというわけです。

第一章で赤羽氏は、「米国やアジア諸国であればとっくに起業し大成功できる人材も、多くが日々不満をもらしつつ、親方日の丸にしがみついているのではないか」などと言っていましたが、こういう煽り文句には、軽々に乗らない方がよいでしょう。大企業内部の持続的で濃密な人的つながりは、赤羽氏には「親方日の丸にしがみついている」としか見えないのでしょうが、それこそが、イノベーションの創出に好意的な環境なのです。

仮に会社を飛び出し、社外に支持者・支援者を求める場合であっても、やはり人的つながりの強さこそがイノベーションの成功の鍵になるのだと武石氏らは強調します。重要なのは、イノベーションのための資源動員を正当化する理由を示し、それをできるだけ多くの人々に、できるだけ強く支持してもらうことだからです。

シリコンバレーの成功の秘密も、この人的つながりにあります。

カリフォルニア州立大学バークレー校のアナリー・サクセニアンは、シリコンバレーでは、起業家や資本家たちだけではなく、大企業も含めた人的ネットワークが歴史的に形成されており、それが深く張り巡らされて、大企業組織の内部にまで浸透していると指摘しています[42]。

また、第三章の議論で参照したように、ロイター社の調査は、シリコンバレーのベンチャー・キャピタルと起業家たちは、学歴・職歴とコネで結びついていることを明らかにしました。あるいは第二章の議論では、シリコンバレーの企業が軍需産業に深く依存しており、またIT産業とアメリカ政府が人材の「回転ドア」によって深く癒着していることを指摘しました。つまり、シリコンバレーの起業家や資本家たち、そしてアメリカ政府は、学歴・職歴とコネという深い人的ネットワークで結ばれているのです。だからシリコンバレーでは、ITのイノベーションがよく起きるのです。

シリコンバレーの成功の秘訣が、その濃密な人的ネットワークにあるとするならば、私たちはシリコンバレーを羨ましがる前に、そもそも企業組織というものは、濃密な人的ネットワークのかたまりであることを思い起こすべきでしょう。

イノベーションが起きないことを大規模組織のもつ硬直性に求める実務家も多いが、そうした人々は多角化した大企業がイノベーションへの資源動員を正当化する多様で固有の理由の宝庫であることを再認識すべきである。この豊富な資源を活用する上では、社内の人的ネットワークの大きさと人的関係の濃密さが重要となるであろう。(43)

大企業の組織内部での人的ネットワークにも、確かに限界や弊害はある。しかし、その解決法は、大企業の人的ネットワークから逃れることではなく、その逆に、人的ネットワークをさらに広く、深く、そして長期間にわたるものにすることなのです。

起業家国家

武石・青島・軽部の三氏は、イノベーションの本質は、「不確実性」の中での資源動員にあると喝破し、その洞察を起点にして、大企業にはイノベーションを起こすのに好都合な条件がそろっていると論じました。

サセックス大学の技術政策の研究者であるマリアナ・マッツカートもまた、イノベーションという行為が、確率論によっても計算不可能な「不確実性」に直面していることを重視しています。

イノベーションが画期的なものであればあるほど、不確実性はより高まり、民間主体では失敗のリスクを負うことが難しくなります。例えば、一つの新薬を開発するためには、一七年ほどの歳月を要し、四〇〇億円以上の費用がかかるというのに、開発に成功する確率は〇・〇一パーセントしかないと言われています(44)。そんなイノベーションは、リスクが高すぎて、民間企業や民間金融機関では、とうてい抱えられません。

また、どんな大企業であっても、営利企業である以上は、担えるリスクに限界がある。では、世界を一変させるような画期的なイノベーションのリスクを担うことができる最大・最強の組織は、いったい何なのでしょうか。

それはずばり「国家」であるとマッツカートは主張しています。

世間のイメージでは、国家とは、非効率でイノベーティブではないものと思われています。特に経済学では、国家とは、基本的には市場による効率的な資源配分を邪魔する存在に過ぎないとされており、国家は経済活動にはできるだけかかわらない方がよいとされています。

しかし、実際には、民間企業よりも国家の方が、「不確実性に向けた資源動員」、すなわちイノベーションを担うことができる。国家とは、起業家である。マッツカートは、このように論じています。

確かに、鉄道、原子力発電、航空機、人工衛星、そして今日のインターネット、ナノテクノロジー、医薬品、バイオテクノロジーといった画期的な技術は、いずれも国家自身による研究開発や国家の支援によって生み出されたものです。特にコンピュータやインターネットが、アメリカの軍事政策に由来していることは、第二章で論じたとおりです。インターネット、GPSやタッチ・スクリーン・ディスプレイに至る主要な要素技術の開発に国家が関与していなければ、スティーブ・ジョブズはアイフォーンを創ることはできなかったのです。

「極度の不確実性の中にある革新的な投資は、ベンチャー・キャピタリストや『ガレージの思想家』たちからは決して生じなかった。これらのイノベーションを起こしたのは、国家の見える手であった」[45]とマッツカートは断言しています。

武石氏らの研究は、イノベーションには、経済的価値を超えた価値観を与える環境が必要であることを明らかにしましたが、国家は、そもそも営利団体ではなく、公共的な価値観を追求する主体なので、経済合理性を超えたイノベーションの理由を豊富にもっています。

実際、アメリカは、軍事関連の技術開発や宇宙開発といった非営利目的のために、膨大な予算を投入し、営利企業ではとうてい不可能な画期的な技術を生み出してきました。国家は膨大な予算と人的資源をもっているので、民間企業では経済性の限界から挑戦することができないような技術開発であっても、着手することができます。もちろん、国家予算の限界はありますが、安全保障というミッションは、資源動員の「理由」としてはきわめて強力なものです。予算を出すのが惜しいから、敵国に侵略されてもよいとは、普通は考えないからです。

安全保障のみならず、例えば公衆衛生、医療、防災あるいは地球温暖化対策など、国家は、経済的価値を超えたさまざまなイノベーションの「理由」をもっています。経済的利益を超えた価値観がイノベーションにとって重要であるならば、国家は、まさにその価値観の宝庫と言えるでしょう。
最大・最強の「起業家」とは、誰か。
それは、国家なのです。

第五章　オープン・イノベーションの本質

あらゆるイノベーションがオープン・イノベーション？

第四章の議論では、『イノベーションの理由――資源動員の創造的正当化』を参考にして、日本の大企業の中で起きているイノベーションの優れたメカニズムを見てきました。

しかし、そうであるならば、なぜ日本企業は、一九九〇年代以降、世界の中で劣勢に立たされているのでしょうか。どうして日本には、アップル、グーグル、フェイスブックのようなＩＴ企業、あるいはスティーブ・ジョブズのようなイノベーターが出ないのでしょうか。

このような問いに対して、経営コンサルタントの冨山和彦氏は、ずばり、こう答えます。

それは、日本企業の多くがクローズドなシステムを採用しているからです。クローズドなシステム、つまり同じ人員、同じ戦略上でビジネスを進めている限り、連続的な改善・改良はできても、イノベーションは生まれない。そこでは「オープン・イノベーション」がカギになります。

「オープン・イノベーション」とは何でしょうか。最近、よく耳にする言葉ですが、これについて冨山氏は「外から異質なものを取り込み、内部資源と組み合わせる試み」と定義しています。そして、「あらゆるイノベーションは不連続なものですから、すなわちオープン・イノベーションである」と言い切っています。

では、オープン・イノベーションとは対照的とされる、日本企業のクローズドなシステムとは、どのようなものなのでしょうか。

これまでの日本企業は、クローズドな同質性の高いシステムの中でノウハウを蓄積することをよしとしてきました。終身雇用で人材の企業間移動がなく、社員同士が阿吽《あうん》の呼吸で仕事をする。効率のよいオペレーションによる大量生産、連続的な改善改良による高品質な製品というビジネス・モデルには、こうしたクローズドなシステムが必要かつ有効でした。例えば、自動車産業は、クローズドシステムによる改善改良によってGMに勝ち、世界を席巻したという過去があります。

だが、イノベーションとは「外から異質なものを取り込み、内部資源と組み合わせる」ことですから、異質なものが取り込まれないクローズドな同質性の高い日本企業では、改善改良はできても、イノベーションは起きえない。冨山氏はそう断言するのです。「クローズドシステムの中で懸命に改善改良を進めている間に、業界外で誕生したイノベーションにすべてを奪われてしまう。これが現代の競争なんです」。この現代の競争に敗れ去ったのが日本企業であるというのが、冨山氏の診断です。

では、日本企業は、どうしたらイノベーションを起こし、勝ち抜くことができるのでしょうか。彼はこうアドバイスします。

「イノベーターになり得る『個』を社外から取り込んでくることです。イノベーションの種は若く優秀な個人が生み出しますから、彼らにとって〝開かれた〟会社でなければなりません[46]」

そして、イノベーターになり得る異質な「個」を社外から取り込むための手段として、M&Aを推奨します。要するに、「ハイテク・ベンチャー企業を買収せよ」ということです。ここで引き合いに出されるのが、例によってシリコンバレーです。

アメリカでは、昔からオープン・イノベーションを目的としたM&Aが盛んですね。

オラクルなどは買収に次ぐ買収で成長してきましたから、自前の事業など残っていないといっても過言ではありません。

特にシリコンバレーでは、M&Aといえば、シェア獲得よりもイノベーションを取り込むために行われることがほとんど。彼らにとってM&Aはイノベーション型の人的資源を得るための採用活動の一貫なのです。オラクルぐらいの規模になると、自社内からイノベーションを生み出すのは難しいと彼ら自身もわかっている。だから若いベンチャーを常にウォッチして、「これ」と思ったら青田刈りするというスタンスなんです。

もっとも、オープン・イノベーションを目的としたM&Aは、そう簡単なものではないと冨山氏は説きます。なぜなら、次のような課題に直面するからです。

では、その取り込んだ異物をどうマネジメントするか。これはM&Aでも通常の採用活動でも一緒で、結局は「個」をどう扱うかという課題になります。企業という共同体的な性質を強くもっている集団と、異物であるイノベーターとがどう付き合うか、

と言い換えてもいい。(47)

そこで、異物である「個」というイノベーターを、共同体的な性質を強く持つ企業という集団がうまく迎え入れるマネジメントについて、いろいろ興味深い助言をするのですが、それについて関心のある方は、記事本文をご覧ください。

ここでは、冨山氏のオープン・イノベーション論について吟味したいと思います。

クローズドな日本企業？

まず、「外から異質なものを取り込み、内部資源と組み合わせる試み」がオープン・イノベーションであるとのことですが、そのような試み自体には特に目新しいものは何もなく、日本企業においても珍しいことではありません。

それどころか、イノベーションにおける産学官連携の重要性は、昔から言われてきたことですし、政府の技術開発プロジェクトや技術研究組合など、日本企業は以前から、異質な企業や大学と連携して、外部資源を取り込んできました。

例えば、冨山氏は「自動車産業は、クローズドシステムによる改善改良によってGMに勝ち、世界を席巻したという過去があります」と述べていますが、これは端的に言って間違いです。

日本の自動車産業がGMに勝って世界を席巻したのは事実ですが、それはクローズド・システムではなく、むしろオープン・システムの成功事例なのです。

一九九〇年代後半、トヨタの部品の内製率は二七パーセントに過ぎませんでした。つまり七割を超える部品を外部から調達するというオープンなシステムだったのです。これに対して、GMの内製率は七〇パーセントを超えていました。しかもトヨタは、同じ部品であっても、複数の部品企業から調達し、トヨタ系列の部品企業があっても、トヨタ系列以外とも同時に取引していました。また、トヨタは、トヨタ系列部品企業がトヨタ以外の自動車企業に部品を販売することをむしろ奨励していました。さらにトヨタは、系列企業であろうがなかろうが、取引先の企業に対して熱心に教育や指導を行い、取引先からの信頼を勝ち得ていました。(48)

もっとも、従来の日本企業が完全にクローズドではなかったとしても、冨山氏が言いたいのは、「もっとオープンにしなければならない」ということなのでしょう。

実際、日本企業が必要以上に自社内の技術開発にこだわり過ぎているという、いわゆる

「自前主義」批判は後を絶ちません。また、冨山氏は、オラクルは自前の事業など残っていないほど買収を重ねていると述べていますが、確かにそこまで徹底したオープン・イノベーションは、日本企業にはまれであるというのは、事実でしょう。

しかし、仮にそうだとしても「連続的な改善・改良はできても、イノベーションは生まれない」とか、「あらゆるイノベーションは、オープン・イノベーション」だというのは、さすがに言いすぎではないでしょうか。

例えば、第四章で取り上げた、『イノベーションの理由』の中に挙げられていた日本企業のイノベーションの成功事例——超音波内視鏡、有機EL、デジタルX線画像診断システムなど——は、「連続的な改善改良」であって、「イノベーション」ではないというのでしょうか。もし、そうだとすると、そんなイノベーションの定義は狭すぎて、使い物にはなりません。

イノベーションが消える

この問題点については、冨山氏もうすうす気づいているようです。

記事の後半では「確かに、画期的な技術というものは、長年の蓄積のある大企業が持っていることが多い」と認めつつも、「でも、要素（シーズ）のレベルでイノベーティブな技術を持っていることと、ビジネスのレベルでイノベーションが起きるということは次元が違うんです」と述べています。そして、オープン・イノベーションに向いているのは、技術シーズのレベルではなく、ビジネスのレベルのイノベーションであると言い添えています(49)。

ならば初めから、「自分は、ビジネスのレベルのイノベーションに限定して話をしている」と言ってもらいたいものです。そうしないと、議論の焦点がぼやけてしまいます。冨山氏の言うビジネスのレベルのイノベーションというのは、言い換えれば、技術シーズを事業化にまで結びつけることですね。技術シーズを事業化するのには、M&Aを通じたオープンなシステムが有効だというのが、この議論で言いたいことだというわけです。

逆に言えば、技術シーズのイノベーションに関しては、従来の日本企業のやり方、彼の言う「クローズドシステム」の方が優れているということになります。冨山氏自身も、「確かに、画期的な技術というものは、長年の蓄積のある大企業が持っていることが多い」と述べているわけですから、そのことを暗に認めているわけです。

しかし、イノベーションとは、技術シーズの事業化だけではなく、技術シーズの開発も含むというのが一般的な理解でしょう。しかも、技術シーズの開発はイノベーションのスタート地点なのです。そうだとするならば、「あらゆるイノベーションとは、オープン・イノベーションだ」などとは言うべきではないでしょう。

「ビジネスのレベルのイノベーション」とは、技術シーズを事業化することです。しかし、そもそも「技術シーズのレベルのイノベーション」がなければ、「ビジネスのレベルのイノベーション」もできません。そして、その技術シーズを生むのは、オープンではなく、クローズドなシステムです。

ということは、言い換えるならば、オープン・イノベーションとは、実はクローズドなシステムに依存している、もっとはっきり言えば「寄生」しているに過ぎないということになります。

例えば、オープン・イノベーションの成功事例とされるオラクルはもはや自前の事業がなくなってしまったくらいにM&Aを繰り返しているそうです。しかし、このオラクルのようなビジネス・モデルは、世の中にとって望ましいものだと言えるのでしょうか。

想像してみてください。

仮に世界中のすべての企業が、オラクルのように完全なオープン・イノベーションを始めたら、いったいどうなるでしょうか。技術シーズはクローズドなシステムから生まれてくるのですから、世界中の全企業がオープン化したら、技術シーズを生み出す企業がこの世に存在しなくなるということになるでしょう。そうなったら、買収すべき技術シーズ自体も存在しなくなる。その結果、技術シーズのレベルだけではなくビジネスのレベルでも、イノベーションというものが消えてなくなることでしょう。

このオープン・イノベーションなるものは、どうやら、慎重な検討を要するもののようです。

オープン・イノベーションの問題点

そもそも「オープン・イノベーション」なる概念が広まったのは、ヘンリー・チェスブロウによる二〇〇三年以降の一連の著作がきっかけだと言われています。

一橋大学イノベーション研究センター教授の延岡健太郎氏は、オープン・イノベーションに対する期待が高まった背景には、チェスブロウの著作による貢献に加えて、次の二つの変化があったと指摘しています。

第一に、市場競争が激しさを増し、企業に対して短期的な利益の向上を要求する圧力が高まったということがあります。企業は、かつてのように、時間をかけて技術開発や製品開発を行っている余裕がなくなったというわけです。そこで、企業は、より速く、より安く商品を開発し、導入するために、開発や製造を外部に委託するようになったのです。

第二に、近年の商品や技術は、その構造がモジュール化・標準化しているため、開発や製造を外部に委託することが容易になっています。加えて、台湾や中国などの企業が、生産請負（EMS〈Electronics Manufacturing Service〉）や開発・生産請負（ODM〈Original Design Manufacturer〉）といった能力を高めており、先進国企業がこうした企業に委託することができるようになったのです[50]。

こうした背景に加えて、特に日本においてオープン・イノベーションがもてはやされたのには、日本企業の国際競争力が低下し、画期的な製品をなかなか生み出せなくなっているという危機感があったものと考えられます。冨山氏の議論がその典型ですが、「終身雇用で人材の企業間移動がなく、社員同士が阿吽の呼吸で仕事をする」という日本企業の閉鎖性が時代遅れになっている、オープンではないことが日本企業の競争力の低下であるという議論になるわけです。

このように、昨今の日本におけるオープン・イノベーションの流行は、バブル崩壊以降に流行した、いわゆる「日本的経営」に対する批判の延長線上にあるものと言えるでしょう。

なお、このオープン・イノベーションの時代においては、ベンチャー企業が主役になるものと考えられています。従来の大企業による自前主義のイノベーションでは、すべての部品を自前でそろえなければなりません。このため、特定の技術にだけ秀でたベンチャー企業では、その製品の市場に新規に参入することは困難でした。すべての部品を生産したり調達したりする負担が大きすぎるからです。

しかし、製品がモジュール化・標準化されていると、ベンチャー企業であっても、特定の部品さえ生産できればその製品市場に新規参入することができます。オープン・イノベーションは、特定の技術にだけ秀でたベンチャー企業が活躍する機会を広げるのです。特に情報通信産業におけるオープン・イノベーションでは、ベンチャー企業は主役を演じるようになっているのは、よく知られているとおりです(51)。

しかし、このオープン・イノベーションに対しては、イノベーションの研究者たちによる批判も出されています。例えば、延岡氏は、企業がオープン・イノベーションを進めれば進めるほど、付加価値を生み出すことはかえって難しくなると警鐘を鳴らしています。

冨山氏の語るところによれば、オープン・イノベーションは、異質なものを取り込むことで新たな価値を生み出すもののように聞こえます。それが、逆に付加価値を生み出すのを阻害するとは、いったい、どういうことなのでしょうか。

延岡氏の議論は、要すれば、次のようなものでした。

オープン・イノベーションを進めるには、つまり企業が外部の資源を有効に活用するには、モジュール化が必要です。外部の技術や部品を組み込みやすいように、部品間のインターフェースをシンプルにし、標準化するのです。そして、企業を超えた部品の標準化・共通化を進めるのです。標準部品として大量生産されれば、コストは大幅に下がります。こうして、外部からのモジュール化・標準化された部品の調達は、低コスト化を実現します。だから、オープン・イノベーションが重宝されるというわけです。

しかし、企業を超えたモジュール化・標準化が進むということは、裏を返せば、企業間の差別化が難しくなるということです。当たり前です。「差別化」と「標準化」とは、その言葉の意味からして、正反対の現象です。差別化はクローズド、標準化はオープンです。

しかし、企業の付加価値とは、差別化された価値、つまりその企業にしか出せない独自の価値のことではないでしょうか。だとすると、当然の論理的帰結として、オープン・イノベーションからは差別化された付加価値は生み出されないということになります。

このオープン・イノベーションの批判に対しては、次のような反論が考えられます。

「もちろん、企業は差別化して付加価値を創出しなければならないが、そういう差別化すべき領域までもオープンにはしないのだ。コアになる差別化領域はクローズドにして、そうでない領域はオープンにして、徹底的に効率化を図ればよい。全部、オープン化するのがオープン・イノベーションではない。日本企業は、差別化すべきではない領域までクローズドにしているから、駄目なのだ」

これは、いかにももっともな反論ではありますが、問題点が二つあります。

第一に、もし、オープン化するのが低コスト化のためであって、コアとなる差別化領域はクローズドにするのであるならば、オープン化とは単なる効率化の一種であって、それをイノベーションとは言えないということです。

というのも、イノベーションとは、他社には容易に真似できない新たな付加価値を生み出すことだからです。冨山氏は、クローズド・システムが効率化や改善改良であって、イノベーションはオープン・システムだと論じていました。しかし、これは話が逆だということになります。

第二に、差別化領域はクローズドにして、それ以外は徹底的にオープン化する。口で言うのは簡単ですが、差別化領域とそうでない領域を、どうやって事前に線引きするのでしょうか。[52]

第三章の議論で強調したように、イノベーションとは、その言葉の意味からして、事前には成果のわからないものです。つまり、どの領域からイノベーションが生まれるのかを、あらかじめ線引きして決めることは非常に困難なのです。画期的なイノベーションであればあるほど、いっそう難しくなるでしょう。

例えば、ある事業部門を非差別領域だと考えてオープン化したら、短期的には経営が効率化したとしても、長期的に見たら、実は差別化すべき付加価値の源泉だった。金の卵を産むガチョウを安く売ってしまって後悔する羽目になった。そういうことも十分に考えられるのです。

日本企業は自前主義にこだわり、オープン化に消極的だと言われます。しかし、「それは、日本の企業経営者が単に内向きで閉鎖的だからだ」などと断ずる前に、次のようには考えられないでしょうか。

日本企業は、短期の効率性や利益率よりも、長期的なイノベーションの可能性を優先的に考えている。あるいは、日本企業は、差別化すべき領域を比較的広く有している。アメリカの企業であれば部品の製造を外部に委託するが、日本企業はその部品にまでも固有の高い付加価値をもたせている。だから日本企業は、なかなかオープン化できずにいるのだ。

もしそうだとすると、日本企業がオープン化という点で後れをとっている理由は、よりイノベーションの可能性に満ちた組織だからだということになるのではないでしょうか。

それにもかかわらず、日本企業が流行に乗ってオープン・イノベーションを進めると、どうなるか。おそらく、視野が短期的になって、本来の強みである領域まで外部に委託して、結果として、長期的なイノベーションの潜在能力を弱める羽目になるでしょう。

昨今、日本企業でもオープン・イノベーションに向けた取り組みが進んでいるようですが、それがどのような結果をもたらすのか。私たちはアメリカの流行に乗った経営コンサルタントの助言に安易に従う前に、延岡氏が発する次の警告に耳を傾けるべきではないでしょうか。

業績が悪い日本企業は垂直統合や自前主義の弊害だと責められ、オープン・イノベーションの方向に進むことを促されている。実際に、それによって、ものづくりの効率は向上し、短期的には業績が向上する場合も多い。しかし、それは、長期的には、極めて危険な状況である。日本の持つ最大の強みである長年積み重ねた技術が消滅するからである。特定技術分野において積み重ねられた問題解決能力や経験知のような組織能力こそが「技術」そのものである。しかも、その技術に関する組織能力は、うまく測定したり管理したりすることができない。オープン・イノベーションに過度に依存することは、短中期的に価値づくりができなくなる問題と、長期的に技術や組織能力を失ってしまう問題の両方を引き起こす可能性がある。(53)

クローズド・オープン・イノベーション

延岡健太郎氏が批判するオープン・イノベーションとは、もっぱら部品のモジュール化・標準化に焦点を当てたものです。しかし、冨山和彦氏は、延岡氏とは多少異なった意味で、オープン・イノベーションという言葉を用いているようです。

冨山氏は、「外から異質なものを取り込み、内部資源と組み合わせる試み」がオープン・イノベーションだと述べています。要するに、社外にあるアイディアを社内に取り込むことを指して、オープン・イノベーションと呼んでいるのです。しかし、社外のアイディアを社内に取り込むというオープン・イノベーションは、実は、口で言うほど容易ではありません。

東京理科大学准教授の西野和美氏が指摘するように、アイディアや技術といった情報というものは、その背後に膨大なつながりをもった情報群が控えているものです。

特許のように形式化された情報であっても、その情報を支える様々な情報、技術あるいはノウハウが表にこそ出てこないが、存在しています。このため、例えば、ある化合物の特許権を他社から取得したとしても、それですぐに、その化合物を製造できるようになるわけではないという次第になります。その化合物を安定的に製造するためには、特許上の情報とは別に、製造技術や生産ノウハウが必要となるのです。ただし、それらの技術やノウハウを習得するためには、かなりの時間と費用がかかります[54]。

このように、一口にアイディアや技術と言っても、それは目に見えないノウハウもたくさん含んだ複雑な構造をもっているのです。付加価値の高い、差別化領域にある、つまり他社には容易に真似できないようなアイディアや技術であればあるほど、その背後には目に見えない知識やノウハウがたくさんあるものです。

そうしたノウハウを生み出し、保持し、そして移転するという作業には、人間と人間との関係、あるいは組織による長い時間をかけた濃密なコミットメントを必要とします。ノウハウというものは、顔と顔を突き合わせて、じっくり教え、実際にやってみせて、あるいはやらせてみて、それでやっと伝授できるのです。

だとすると、そのような目に見えないノウハウまで含んだアイディアを取り入れようとする人間関係や組織は、おのずとクローズドなものになっていかざるを得ません。なぜなら、長期にわたる対面の人間関係は、広く誰とでも形成できるものではなく、相手を限定せざるを得ないからです。たとえて言うならば、ピアノの楽譜や演奏法といったテキストであれば、誰にでもオープンに与えることができますが、名ピアニストがそのテクニックを伝えるには、弟子の人数を限り、時間をかけて指導するしかありません。

そこで西野氏は、外部のアイディアを取り込むオープン・イノベーションを試みるにしても、それを成功させるには、相手を限定したものでなければならないと説き、それを「クローズド・オープン・イノベーション」と呼んでいます。

その「クローズド・オープン化」の例として西野氏が挙げているのは、住友スリーエム

（現・スリーエム ジャパン）が設けた「カスタマーテクニカルセンター」です。同社は、そのカスタマーテクニカルセンターに自社の基礎技術や製品を展示するのみならず、顧客が実際にテストする場を設けました。住友スリーエムの担当者と顧客（取引先）という顔の見える関係の中で、両者が協働するのです。そして、その顧客によるテストの中から、新たなアイディアが出ることもあるというのです。

これは、社外のアイディアを活用しているという意味では確かに「オープン・イノベーション」ですが、社外のメンバーは不特定多数ではなく、ある程度限定されており、その意味では「クローズド」なのです[55]。

先ほど、トヨタの内製率は三割以下であり、部品を系列のみならず系列外の企業とも取引をしており、その意味でオープンであると指摘しました。このトヨタのオープン・システムもまた、より正確に言えば「クローズド・オープン・イノベーション」であると言うべきでしょう。なぜならトヨタは、系列外の部品企業に対しても開かれているとは言え、不特定多数の部品企業を相手にしているわけではないからです。

トヨタは、取引先の企業に対して熱心に教育や指導を行っています。そして、取引先からの信頼を勝ち得ています。この熱心な教育や指導は、アイディアの背後にある目に見えない情報やノウハウを伝えるために必要なのです。そのような熱心な教育や指導を通じて形成された信頼関係は、おのずと相手を限定したクローズドなものとなります。決して、不特定多数に対して開かれたものにはなり得ません。

労働経済学の第一人者である小池和男氏もトヨタを例に挙げて、クローズドな関係の優位性を説いています。

小池氏によれば、トヨタは、新日鉄から標準仕様の鋼板をそのまま採用しているわけではありません。むしろトヨタは、新日鉄に対して、特殊な強度や品質を強く要求します。トヨタとの継続的な取引関係が新日鉄の技術を鍛え上げるのです。例えば、欧米の自動車メーカーは、鋼板の強度を強めるためにペンキを厚塗りするが、ペンキ塗りの回数を節約したいトヨタは、新日鉄にその回数を減らしても強度が落ちない鋼板の開発を要求する。あるいは、鋼板はコイル状にして工場に納入されますが、コイル状の鋼板のしわが品質不具合の原因になるというので、それが起こらない鋼板を要求する。新日鉄は、こうしたトヨタの要求する無理難題に応えようとして、技術開発に励むのだというのです。

ここで重要なのは、トヨタと新日鉄の間にクローズドな取引関係があり、トヨタが直接的かつ具体的な要求を伝えるからこそ、新日鉄は的確な技術開発を進めることができるということです。しかも、トヨタが伝えるニーズの中には、同社の企業秘密も含まれているでしょう。それを開示してでも新日鉄に相談できるのは、両者の関係がクローズドだからなのです。トヨタと新日鉄のクローズドな関係が両社の技術を鍛え上げるのです[56]。

言い換えれば、トヨタにとっては、鋼板という部品は差別化すべき領域だから、モジュール化・オープン化しないで、クローズドにしているのです。

先ほど私は、日本企業がオープン化で後れをとっているのは、日本企業にとって差別化すべき高付加価値領域が部品のすみずみに至るまで広がっていて、クローズドにしなければならないからではないかと述べました。このトヨタの例は、まさにその説を支持するものだと思われます。

イノベーションの源泉

西野氏が言ったように、付加価値の高いアイディアや情報には、表にこそ出てこないが、様々な情報、知識、ノウハウのつながったかたまりが背後に控えています。このように言葉や数字で表現することができない知識の蓄積のことを、野中郁次郎と竹内弘高の両氏は、名著『知識創造企業』の中で、「暗黙知」と呼びました。そして、この暗黙知こそがイノベーションの源泉にあることを突き止めたのです。
「暗黙知」には、主観に基づく洞察、直観、勘、経験、理想、価値観などのように非常に個人的で、他人に伝達しにくいものが含まれますが、野中氏らは、より厳密には、二つの側面があると論じています[57]。

一つは、いわゆる「ノウハウ」です。例えば、長年の経験を有する熟練職人は、その指先に高度な技能や技巧を蓄えていますが、それがノウハウというものです。西野氏が強調したのは、この「暗黙知」のノウハウとしての側面です。

ただし、野中氏らは、「暗黙知」にはノウハウに加えて、もう一つの側面があると指摘します。それは、現実のイメージ（「こうである」）と未来へのビジョン（「こうあるべきである」）について私たちが抱く「思い」のようなものです。それには、価値観や目標のようなものも含まれると思われます。武石・青島・軽部の三氏が「イノベーションの理由」と呼んだものは、まさに「暗黙知」のこの第二の側面のことでしょう。

「ノウハウ」であれ「思い」であれ、それがイノベーションの源泉であり、原動力になるのですが、いずれも定量的に示したり、明瞭な言語で表現したりすることがきわめて困難です。しかし、個人の経験の中には、それが明確に表現できなくても、必ず存在する。それが「暗黙知」なのです。

暗黙知は、個人が直接経験したり、試行錯誤したりすることで獲得され、養われます。しかも、長い時間を必要とする。そして、暗黙知を他人に伝え、あるいは他人から得るためには、経験を共有し、試行錯誤を協働する組織的な活動が必要になります。

暗黙知を獲得するということは、言わば人間が他者との共同作業を通じて成長するということです。成長した人間が宿す暗黙知、それがイノベーションの源泉であるならば、イノベーションとは、人間の成長のことではないでしょうか。

だから野中氏らは、イノベーションの本質について、こう書くのです。


イノベーションは、単にばらばらのデータや情報をつなぎ合わせるだけではない。それは、人間一人ひとりに深くかかわる個人と組織の自己変革なのである。社員の会社とその目的への一体化とコミットメントが必要不可欠である。この意味で、イノベーションとしての新たな知識の創造は、アイデアと同じくらいアイデアル（理想）を創ることなのである。こういう事実がまた、イノベーションの原動力となる。イノベーションの本質は、ある理想やビジョンに従って世界を創り変えることなのである。新しい「知」を創ることは、社員一人ひとりと会社を、絶えまない個人的・組織的自己革新によって創り変えることなのである。それは、研究開発や戦略企画やマーケティングにかかわる少数の選ばれた専門家の責任ではなく、組織を構成する全員の責任なのである。[58]

さらに野中氏らは、こう続けます。

「新たな知識の創造は、単にほかから学んだり外部から獲得したりするだけではない。それは、自分で創り出すのであり、組織メンバー間の濃密な交流努力を必要とする。たとえば、キヤノンの新製品開発チーム・メンバーは、重要な問題を討議するために週末にホテルで『合宿』した[59]」

そして、外部から知識を獲得する場合であっても、「組織の内部と外部の濃密な相互作用なしには創造することはできない[60]」のです。この野中氏らの暗黙知の理論は西野氏が提唱する「クローズド・オープン・イノベーション」を裏付けるものであることは、明らかでしょう。

こうしてみると、外部の新しいアイディアというものは、M&Aなどで得られるような単純なものではないことが分かります。新しいアイディアや技術は外から買ってくればよい。そんな安直なオープン・イノベーション論は、「イノベーションは、単にばらばらのデータや情報をつなぎ合わせるだけ」だという浅薄な理解に基づいているに過ぎません。

数々のM&Aを成功させてきたことで知られるJT副社長の新貝康司氏も、安易なM&Aを戒めています。仮にM&Aを実行するにしても、統合作業には多大な負荷がかかるのであり、その統合負荷に耐えられるだけの勢いが自社にあることを慎重に見極めなければうまくはいかないというのです。また、新貝氏は、統合後の会社の安定のために、社内のコミュニケーションを円滑化することに注力したとも述べています[61]。M&Aにおいてさえも、大事なのは深い人間関係の構築だというのです。

ちなみに、最近、M&Aには生産性を向上させる効果がないという実証研究が発表されています[62]。やはり、新貝氏が言うように「買収は、魔法の妙薬ではないのです[63]」。

繰り返しますが、イノベーションとは、クローズドな関係からしか生まれてこないのです。M&Aを多用してアイディアや技術の外部調達を繰り返すようなオープン・イノベーション型の企業は、いずれ、新たな知識を自分で創り出すことのできない空っぽのつまらない組織へと堕落することでしょう。

長期雇用

画期的なイノベーションというものは、一〇年、あるいはそれ以上という長期の時間を要します。そして、イノベーションの源泉たる暗黙知を創造し、蓄積し、そして伝達するには、クローズドで濃密な人間関係を長期にわたって保持する必要があります。それが意味するところは、「イノベーションを起こしやすい活力ある企業は、クローズドで濃密な人間関係を形成するために、従業員の長期雇用や社外との継続的な取引関係を重視するであろう」ということです。

この長期雇用と継続的な取引関係の重視は、かつて「日本的経営」の特性として評価されたものです。それは一九八〇年代には日本の製造業の競争力を生み出す仕組みとして称賛されていました。しかし、この日本的経営の長期雇用と継続的な取引関係は、一九九〇年代以降の長期不況の中では、日本企業そして日本経済の不調の原因として非難され、その解体が構造改革の目標とされ、現在に至っています。オープン・イノベーションがもてはやされるのも、こうした「日本的経営」解体の流れに沿ったものです。

しかし、小池和男氏は、競争力のある企業は、トヨタに典型を見るように、現在でも長期雇用を重視しており、しかも製造業以外の業種でも同様であると主張しています。その例として挙げられるのは、セブン-イレブン・ジャパンです。また、人材の流動性が高いと思われているソフトウェア開発の世界ですらも、例えば法人向けソフトウェアやゲーム・ソフトを開発する企業は、ソフトウェア技術者の長期雇用を重視しています。

さらに、競争力のある企業が長期雇用を採用しているというのは、日本に限ったことではないと小池氏は力説します。例えば、驚くべきことに、アメリカ最強の投資銀行であるゴールドマン・サックスは長期の人材育成を重視しており、しかも二〇〇〇年代以前までは、上級幹部は社内の生え抜きに限定する慣行がありました。

小池氏が一貫して主張するのは、長期雇用は確かに日本企業に顕著な特徴ではあるけれど、それは日本だけに特殊な現象ではなく、一般的に、競争力のある企業というものは、長期雇用を重視する傾向にあるということです。日本的経営の優位性は、日本的なのではなく、普遍的だというのです。

ただし、ここで小池氏が「競争力」というのは、「短期」の競争力ではなく、「長期」の競争力のことです。「短期の競争力」とは、短期の企業業績の高さのことです。これに対して、「長期の競争力」とは、持続的に改善改良あるいは革新を生み出し続ける能力の高さのことです。後者の「長期の競争力」の強い企業は、長期雇用を重視していると小池氏は強調します。

なぜ、長期の競争力が強い企業は、長期雇用を重視するのか。小池氏の洞察を要約して言えば、長期の競争力の源泉は人材にあり、そして人材の育成や見極めには、その人材と長期にわたって付き合う必要があるからだというのです。

例えば、きまりきった単純な作業であれば、マニュアルを見れば誰でもできるようになります。また、そのような単純労働者の能力を推し量るのは難しくありません。したがって、単純労働者を外部の労働者市場から調達してくることは簡単です。しかし、企業の競争力にかなり貢献するような高度な技術をもった労働者の場合、その育成は一朝一夕にはいきません。熟練した技能を身に着けるには、実際の仕事の経験を長年にわたって積み重ねる必要があります。

また、そうした技能労働者は、同じ職名や資格者であっても、技能の個人差はかなりあるものです。そして、その個人差は、同じ職場で彼らの仕事ぶりを見ていれば、彼らの能力が数値化されていなくても、だいたいの見当はつきます。しかし、職場の外部の人間が、その個人差を正確に見極めることは、非常に難しい。なぜなら、その熟練の技能とは、「暗黙知」だからです。したがって、企業が自社の競争力に貢献する技能労働者を外部の労働者市場から調達してくることは、まずもって不可能と言ってよいでしょう。

要するに、勤続年数の長い内部人材が有利となるとか、企業間の人材の移動が乏しいというのは、イノベーションを生み出す能力を重視することによる当然の結果なのです。そして、このことは日本の製造業以外にも当てはまるというのが、小池氏の議論の面白いところです。

例えば、法人向けソフトウェア開発企業は、マイクロソフトのような汎用ソフトウェアとは異なり、企業ごとの要請に応じてカスタム化されるものです。とりわけ、製品に組み込まれる「組み込みソフト」は、その製品の機能の特性をよく把握してソフトウェアを開発しなければなりません。その結果、法人向けソフトウェアの開発は、長期の視点を重視するようになるのです。

また、ゴールドマン・サックスは、長期的な人材の育成と見極めの観点から、人材の研修、実務経験、昇進の仕組みを決めていました。しかも、投資銀行の複数の部門を回していたといいます。これは、第三章で参考にした荻生徂徠と同じ考え方に基づくものでしょう。「人材を目利きするには、使ってみるしかない」という江戸時代の儒者の洞察は、現代の最強の投資銀行にも通じていたのです。

ゴールドマン・サックスは、外部との長期の関係も重視します。取引先にどのような人材がいるか、あるいは一緒に仕事をする弁護士事務所や会計事務所にどんな人材がいるのか、その目利きをするためには、長期的に関係を継続しなければならないのです。長期雇用の重視、そして限定された取引関係の継続というゴールドマン・サックスの経営方針は、まさにかつて日本的経営と呼ばれたものと共通するものでした(64)。

限定された長期的な関係の継続がイノベーションにとって大事だというのは、日本企業や大企業に限られた話ではありません。

第四章で議論したように、かのシリコンバレーでも、サクセニアンが明らかにした、歴史的に形成された濃密な人的ネットワークが張り巡らされているのであり、また起業家、資本家、大企業、そして政府はコネや人脈で強く結びついています。ITベンチャーが集積し、ITのイノベーションが起きる場所がシリコンバレーという特定の地域に「限定」されているのは、シリコンバレーの人的ネットワークがある程度クローズドだからなのです。完全にオープンならば、ITベンチャーの集積地は、全米、そして世界へと広がっていたはずでしょう。

シリコンバレーとは、オープンではなく、むしろクローズドなシステムからイノベーションが生まれることを示す例なのです。

さて、以上の優れた経営学者や労働経済学者たちの議論を踏まえた上で、もう一度、冒頭の冨山和彦氏の議論を思い出してみましょう。

「これまでの日本企業は、クローズドな同質性の高いシステムの中でノウハウを蓄積することをよしとしてきました。終身雇用で人材の企業間移動がなく、社員同士が阿吽の呼吸で仕事をする」

「クローズドなシステム、つまり同じ人員、同じ戦略上でビジネスを進めている限り、連続的な改善・改良はできても、イノベーションは生まれない。そこでは『オープン・イノベーション』がカギになります」

この議論は、イノベーションというものに関して根本的な思い違いをしているように、私には思われてなりません。

個と共同体

冨山氏は、イノベーションは、「個」であるイノベーターから生まれるものであると考えています。そして、企業を「共同体的な性質を強くもっている集団」と位置づけています。

「個」は、「共同体的な集団」である企業からしたら「異物」ですが、その異物である「個」を取り込まなければイノベーションは起きないというのです。

イノベーションを生む「個」と、「個」を異物とみなす「共同体的な集団」。この二分法は、日本経済批判の通説になっています。

「日本では、スティーブ・ジョブズが出ない」などという愚痴をよく聞きます。ジョブズという強烈な個性からイノベーションが生まれるのに、同質性の高い共同体的な集団を重視する日本社会は、ジョブズのような強烈な個性を排除しがちである。出る杭は打たれるというのが、日本という閉鎖的な村社会の習わしなのだ。そんな日本ではイノベーションは生まれない。だからイノベーターとなる強烈な個性の持ち主は、アメリカに行ってしまうのだ。

このような日本文化批判にまで及ぶ日本経済批判、日本企業批判は、実に根強い人気があります。冨山氏もまた、この日本批判の図式にのっとっているようです。しかし、この「個」vs「共同体的な集団」という単純な図式こそが、イノベーションの本質を見失わせる元凶だと私は強く思います。

そもそも「共同体的な集団」と言っても、企業は血縁や地縁で結ばれた共同体とは違います。業績が悪いというだけで簡単に従業員の首を切ったり、取引先を頻繁に変更したりしない企業が「共同体的」だと呼ばれるわけです。共同体的な企業とは、限定的で長期的な雇用関係や取引関係をもつ企業のことなのです。

武石・青島・軽部、延岡、西野、野中・竹内、小池といった、これまで参照してきた研究者たちが明らかにしたのは、そうした限定的で長期的な関係を重視する「共同体的な集団」こそが、イノベーションを生み出すということでした。そして、こうした研究者たちの議論から明らかになることは、共同体的な集団は、イノベーターとなる「個」を排除するものでは必ずしもないということでした。もっと言えば、イノベーターとなる「個」を育て、そして評価するためには、限定的で長期的で濃密な人間関係が必要だということでした。つまり、共同体的な集団でなければ、イノベーターとしての「個」を生み出し、活用することができないのです。

それは繰り返しになりますが、イノベーションの源泉となる「暗黙知」――「ノウハウ」と「思い」――というものを育て、評価するためには、「個」と長く付き合わなければばならないからなのです。

同じ職場で長く働く同僚とは、ある種の仲間意識によって結ばれ、家族ほどではないにせよ、かなり共同体的な関係になります。しかし、そうであるからこそ、その同僚の性格や能力がよく分かる。そいつの食べ物の好き嫌いからネクタイの趣味まで、分かるようになる。つまり、場所や経験を長く共有したからこそ、その人の個性が分かるのです。そうだとすると、「個」は「共同体的な集団」とは対立しません。むしろ逆に、「共同体的な集団」の中から「個」が育ち、「個」が発見され、そして評価されるのです。

いやいや、そうは言っても、「個」を排除するような「共同体的な集団」というものもあるではないか。そう思われたかもしれません。確かに、「個」を排除し、圧殺するような企業はあります。しかし、そのような企業は、本当の意味で「共同体的」と言えるのでしょうか。

共同体とは、家族や故郷に典型を見るように、それに属する個人の愛着の対象であり、アイデンティティの一部です。その集団に属することに愛着を覚えないようであれば、その集団は共同体あるいは共同体的とは言えません。例えば、夫が妻子に暴力を振るうようでは、家庭は崩壊して、共同体ではなくなってしまうのです。

さて、自分の個性を排除し、圧殺するような企業の社員は、その企業に愛着をもつでしょうか。もちろん、もちません。愛着や帰属意識をもてないような企業は、共同体的とは言えないのです。

共同体的な企業とは、社員が勤務することで愛着や一体感を覚えるような企業のことです。なぜ、愛着を覚えるのかと言えば、それは、その企業の上司や同僚や部下が、自分の個性を認知してくれるからです。社員を「個」として認めるような深い人間関係のある企業こそが、「共同体的な集団」なのです。

だから、「個」と「共同体的な集団」は対立しません。それどころか、両者は密接不可分なのです。

このことを理解するために、企業という共同体的な集団に属しない「個」がどう評価されるのかを想像してみてください。人の個性は、外形から短期間で理解できるものではありません。長い付き合いなしに人を判断するには、その人の資格や学歴、あるいは稼ぎといった外形標準で決めつけるしかありません。しかし、人間を、学歴、資格、稼ぎなどという形式だけで判断するのでは、「個」を尊重することにはならないでしょう。

学歴や資格といった外形標準で人間を分類し、振り分けるということは、言うならば、人間を「標準化」し、「モジュール化」するということです。つまり、「君でなくてもいいよ。他に取り換えがきくから」というように扱われるということです。

このように共同体的な集団を解体してオープン化すればするほど、「個」は見失われていくのです。そして、イノベーションも生まれなくなるのです。イノベーションを生み出したければ、企業を本当の意味で「共同体的な集団」へと変えることです。そして、社外のアイディアを取り入れる場合には、社外との関係をも共同体的にすることです。

まさに、シリコンバレーという地域共同体がそうであるように。

第六章　なぜイノベーティブな企業の方が負けるのか

長期の競争vs短期の競争

これまでの議論で、イノベーションが生まれるのは、モジュール化されたオープンなシステムよりもクローズドなシステムであることを確認しました。

しかし、そうであるならば、なぜオープン・イノベーションがもてはやされるのでしょうか。なぜ、クローズドな日本企業は、オープンなアメリカのIT企業に対して劣勢を強いられているのでしょうか。その理由がはっきりしない限りは、クローズドなシステムの方がイノベーションには優位だという話が腑に落ちることはないでしょう。

この疑問について、技術論の観点から一つの答えを鮮やかに提示したのが、慶應大学経済学部准教授の田中辰雄氏です。

田中氏のオープン・イノベーション（モジュール化）に関する研究はじつに精緻で周到なものですが、思い切って結論だけ要約するならば、「情報通信産業でブレイクスルーとなる画期的なイノベーションが続いたから、モジュール化が進んだ」ということになります。

つまり、オープン・イノベーションがブレイクスルーとなるイノベーションを生み出したのではありません。その反対に、ブレイクスルーとなるイノベーションが、オープン・イノベーションという形態を生み出したというのです。

一九八〇年代以降の情報通信産業では、マイクロプロセッサ、表計算ソフト、ワープロソフト、電子メール、ブラウザなど、革新的な製品や技術が続々と生まれてきていた。こうしたイノベーションの波の中にあって、人々は、次の革新的な製品がすぐに登場するであろうと考え、新製品を取り入れて後で利用するために、新機能を追加できるオープンなモジュール型の製品を選ぶようになった。田中氏は、そう論じています。

この説を実証するために、田中氏が挙げている事例は、一九九〇年代におけるパソコンに対するワープロ専用機の敗北です。もともと、使いやすさや価格の面では、ワープロ専用機はパソコンを上回っていました。しかし、モジュール型であったパソコンは、電子メールやブラウザといった新機能を簡単に追加することができたのに対し、ワープロ専用機はそれに対応できませんでした。そのため、ワープロ専用機は市場から駆逐されてしまったのです[65]。

要するにオープン・イノベーションは、原因ではなく、結果である。したがって、情報通信産業において画期的なイノベーションが起きにくくなれば、モジュール化もまた終焉し、従来のクローズドなイノベーションの優位が復活するであろう。田中氏は、このような大胆な見通しを示しています。

この議論は、クローズドなシステムの方がイノベーションに向いているという前章までの議論とも整合的です。したがって、田中氏の予測は当たるでしょう、と言いたいところなのですが、残念ながら、オープン・イノベーションの流行は、そう容易には止まらないだろうというのが私の予測です。言い換えれば、画期的なイノベーションが起きなくなる時代は、まだ続くだろうということです。

なぜ、そう思うのか。それは、イノベーションを阻害する社会的なメカニズムがすでに作動しているからなのです。その社会的なメカニズムについて説明するために、まず小池和男氏の議論をもう一度、参考にすることとしましょう。

小池氏は、「短期の競争」と「長期の競争」という区分をしています。そして、長期雇用やクローズドなシステムが優位に立つのは、「短期の競争」よりも「長期の競争」においてであると指摘します。

この「短期の競争」と「長期の競争」の区分は大変に重要なポイントですので、改めて、それぞれの意味を確認しておきましょう。

小池氏にならって、営業マンの人事評価を例にとるならば、「短期の競争」では、月々や年々の売り上げを基準に人事を評価することになります。しかし、例えば半導体製造業の営業では、取引先のメーカーの開発計画や投資計画にあわせて、半導体の開発を先方に提案することになるので、時間がかかります。そのような営業の業績は、年々、ましてや月々の売り上げでは評価することができません。数年あるいはそれ以上の長期にわたって、その営業マンの努力を観察し続けなければならないのです[66]。

この例から分かるように、「長期の競争」とは、成果が出るまでに時間のかかるイノベーションにおける競争です。これに対して「短期の競争」とは、収益性の競争であると言い換えられます。そして短期の競争には、イノベーションの競争はあり得ません。なぜなら、イノベーションは短期間では生まれないからです。

もちろん、イノベーションが成功すれば収益性も向上するので、「長期の競争」は、イノベーションの競争であると同時に、長期的な収益性の競争であるとも言えましょう。しかし問題は、「短期の競争」における収益性の勝利は、「長期の競争」におけるイノベーションの勝利には必ずしもつながらないということです。

例えば、企業は、巨額の研究開発投資や労働者の教育訓練のための投資を圧縮することで、その年の収益性を向上させることができます。この場合、企業は「短期の競争」において勝利します。しかし、研究開発を怠り、労働者の教育訓練を怠れば、企業の生産性向上の能力は確実に弱体化し、イノベーションを生み出せなくなります。そして長期で見れば、競争に敗北することになるのです。

さて、いわゆるオープン・イノベーションは、「短期の競争」と「長期の競争」のどちらに向いたビジネス・モデルなのでしょうか。

もちろん、「短期の競争」です。

自社で技術開発や人材育成を行う「自前主義」では、巨額のコストと長い時間を要します。技術の開発に成功するまでは利益は出ませんので、赤字が続くおそれもある。

しかし、オープン・イノベーションは、必要な技術や人材を自ら開発するのではなく、外部から買ってきます。そのうえ、同じ技術や人材であれば、世界中で最も安いところから調達してくる。おかげでオープン・イノベーションは、コストや時間を大幅に節約することができるのです。したがって、オープン・イノベーションを採用する企業の利益率は、自前主義に固執する企業よりもずっと高くなるでしょう。株主への配当も高くなり、株価も高くなるというわけです。

ところが、企業は、オープン・イノベーションを活用し、外部の技術や人材に依存すればするほど、当然の結果として、自社内でイノベーションを生み出す能力を衰退させることになります。しかも、オープン化した企業は、ベンチャー企業から技術や人材を買収することが多いのですが、これまで再三指摘してきたように、寿命の短いベンチャー企業には、画期的な技術シーズを持続的に生み出したり、高い能力をもつ人材を育成したりすることは困難です。したがって、多くの大企業が、ベンチャー企業から技術や人材を片っ端から買い漁っていったとしたら、いずれ技術や人材は枯渇することになるでしょう。

また、第五章において説明したように、オープン・イノベーションは、部品をモジュール化・標準化し、部品間のインターフェースを固定化することで実現されます。インターフェースを固定化するということは、製品の基本設計を固定化しなければならないということを意味します。このため、基本設計を変えるような抜本的なイノベーションには対応できなくなりますし、部品を調整することで達成するようなタイプのイノベーションもできなくなります(67)。

つまり、オープン・イノベーションがうまくいくのは、そういった基本設計や部品の調整に関するイノベーションが必要となるまでの短い間だけだということです。言い換えれば、モジュール化・標準化は、抜本的なイノベーションには不向きだということです。

このようにオープン・イノベーションは、「長期の競争」には不向きなビジネス・モデルなのです。ただし、短期で見れば、非常に高い収益を上げることはあり得ます。オープン・イノベーションを活用することで、少なくとも短期で見れば、企業が急成長を遂げたようにみせかけることが可能なのです。それで、オープン・イノベーションは、急成長を実現する画期的なビジネス・モデルだとして、もてはやされてきたというわけです。

しかし、繰り返しになりますが、そのようなビジネス・モデルは、持続可能ではありません。長期的に見れば、企業のイノベーションを生み出す能力を弱体化させてしまうのです。

ＩＢＭ復活のからくり

一九九〇年代に、従来の自前主義からオープン・イノベーションへと転換し、成功したとされるＩＢＭを例にとってみましょう。

図7をご覧ください。これによれば、一九九四年以降、ＩＢＭの利益率は確かに劇的に復活しています。しかし、Ｒ＆Ｄ（研究開発）費の比率は、むしろ低下しています。代わって、顕著に高まっているのは、自社株買いの比率です。これは、何を意味するのでしょ

図７　IBM の利益率と R＆D 費の推移と株式配当行動の変遷
（1981 年～ 2003 年）

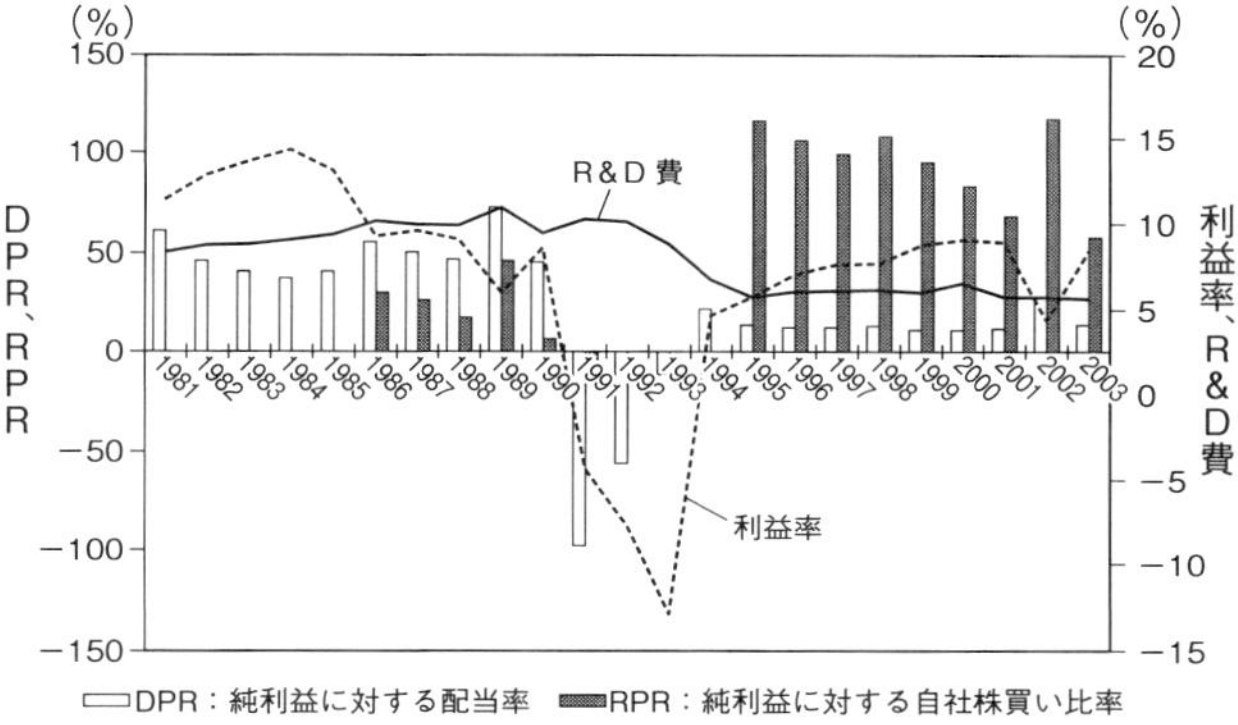

出典：'Evolution of the New Economic Business Model,'*Business and Economic History On Line*,Vol3,2005
（注１）*IBM Annual Reports* より作成
（注２）配当率、自社株買い比率がマイナスになるのは、純利益がマイナスであるため

うか。

企業組織を研究するマサチューセッツ大学教授のウィリアム・ラゾニックは、次のように説明しています。

一九九〇年代、利益率が激減して苦境に陥ったＩＢＭは、経営再建の一環として、ハードウェアからサービスへと戦略の重点をシフトし、基礎研究から製品開発へと重点を移しました。Ｒ＆Ｄ費の比率の低下は、その戦略変更を反映しているのです。

この戦略を遂行するにあたり、ＩＢＭは、特許の保有量を急激に増やしました。そして、積極的なクロスライセンスによって他社が開発した技術にアクセスしました。これは、技術を自ら開発するのではなく、他社から入手するオープン・イノベーションです。これにより同社は、自社内で行うR&D費を縮減させました。製造のアウトソーシングも進めました。さらに、流動性の高いハイテク技術者の採用を増やすことにより、企業年金の軽減など、労働コストの削減に成功しました。

こうしてIBMは、利益率をV字回復させることに成功したのです。ところがIBMは、得た利益をR&D費に回すのではなく、自社株買いを増やして株価を上昇させました。こうして同社のCEOは、ストック・オプションを通じて高額の収入を手にしたのです。[68]ちなみに「ストック・オプション」とは、あらかじめ決められた価格で自社株を保有する権利のことで、自社の株価が上がると、それだけ収入が増えるという仕組みです。

IBMは、確かに一九九〇年代に劇的なV字回復を遂げました。その際、IBMは企業戦略の基軸を自前主義からオープン・イノベーションへと転換しています。

しかし、それと同時に、経営の目標を技術開発から利益率へと変更していることに着目しなければなりません。それは、利益率が上がったのに対して、R&D費の比率が下がり、自社株買いが増えているところに端的に表れています。

また、企業戦略の重点をハードウェアからサービスへ、基礎研究から製品開発へと移すということは、経営の視野が短期化したということです。ＩＢＭは、「長期の競争」ではなく、「短期の競争」において勝利を収める方向へと舵を切ったのです。

この「短期の競争」を重視する経営戦略は、「短期主義（short-termism）」と呼ばれています。オープン・イノベーションとは、短期主義の戦略の一つなのです。

ラゾニックが提示するオープン・イノベーションの短期主義の例をもう一つ、挙げておきましょう。

半導体素子メーカーの巨人インテルは、アメリカ政府に対してナノテクノロジー開発の予算を増額するようにロビー活動を続けてきました。ナノテクノロジーは、半導体の高度化に欠かせない技術だからです。

インテルはナノテクノロジーを自前で開発するのではなく、政府の研究開発という外部の資源を活用しようとしたわけですから、これもオープン・イノベーションと言えるでしょう。

ところが、インテルは、二〇〇一年から二〇一三年までの間、同じ期間にアメリカ政府が「国家ナノテクノロジー計画」に投じた予算総額のおよそ四倍に匹敵する資金を、自社

株買いに充てていたのです。(69)

要するに、インテルは、自社で行うべきR&Dを政府にアウトソースすることで資金を節約し、その資金を自社株買いに使って株価を吊り上げていたのです。

社会学者のフレッド・ブロックとマシュー・ケラーは、一九七一年から二〇〇六年までに『R&Dマガジン』誌が賞を与えたイノベーションをサンプルにして、誰がイノベーションを生み出しているのかを調査しています。その結果、大企業の役割が低下し、代わって共同開発の役割が増加し、また公的研究機関や公的資金の重要性も増していることが明らかとなりました。(70)

確かに、アメリカでは、オープン・イノベーションが進んでいるのです。大企業が自前主義を捨て、ベンチャー企業や政府にイノベーションを委ねるようになったのです。

しかし、オープン・イノベーションは、自社株買いとストック・オプションを併用することで、単に大企業の株主と経営層が儲けるだけの仕組みと化しています。大企業は短期主義に走り、もはや画期的なイノベーションの主役となることを辞めました。

しかも、イノベーションの受託先である企業は、厳しい受託競争にさらされて低コスト化を余儀なくされるので、長期的にじっくりと研究開発を行う余裕はありません。とりわけベンチャー企業は、すでに見たように、寿命が短く、とてもイノベーションを持続的に行えるような環境にはありません。そして、政府についても、昨今は、財政健全化の圧力によって、潤沢な研究開発予算を確保する余裕がなくなっています。

結局、誰も画期的なイノベーションに挑戦しなくなる。

こうしてオープン・イノベーションは、大企業のみならず、国全体からイノベーションの力を奪っていくのです。

「人工知能の父」の嘆き

昨今、人工知能（AI）が次なる産業革命の担い手としてもてはやされ、人工知能を開発するベンチャー企業が注目されています。

しかし、初期の人工知能研究に貢献し、「人工知能の父」と呼ばれるコンピュータ科学者のマービン・ミンスキーは、一九八〇年頃から、長期的な研究をする研究者が激減し、人工知能分野の進歩が一世代前よりもはるかに遅くなっていると嘆いています。

その原因は、短期主義の蔓延にあるとミンスキーは証言しています。

ミンスキー：しかし、いまそれができない。若い研究者に対して、「あなたは良いアイディアを持っているから、次の一〇年間あなたの研究を（金銭的に）サポートしましょう」ということを言える人がいないんです。そんな仕事はもうない。一九五〇年代には、たくさんそういった仕事があったんですね。

――いまは非常に短期的なものになっていると……。

ミンスキー：とても短いものになっている。以前は、たとえばベル研究所など、大企業付属の大きな研究所があったんですね。一九五二年、まだ学生だった頃、ベル研究所でひと夏過ごす機会があったのですが、「三〇年もかからないような仕事には手を出すな」とくり返し言われた。

いまではそれが、「二年」ということになっているわけです。ですから、過去五〇年の間に、難しい問題に打ち込めるような仕事や場所が、極端に少なくなってしまった。学生が行ける場所がない。中国なんかのほうが西欧よりもそういった長期的研究の可能性があるのかもしれない。

――経営者の長期的ビジョンというものが失われつつあると……。

ミンスキー：消滅しつつありますね。なにしろ三ヵ月ごとに利益を上げなければならないわけだから、それに独占企業というものもなくなってきているし。たしかにグーグルやマイクロソフトはほとんど独占企業と言ってもいいかもしれないし、研究も大幅に行っているけれども、その内容は極秘にされている。だから、両社が大々的な研究を行っていても、社会にはちっとも還元されないのです。[71]

ミンスキーの証言によれば、昨今の人工知能ブームは、六〇年前のベル研究所のような自前主義のクローズド・システムから生まれた技術シーズの恩恵を受けているに過ぎないということです。

ところが、現在のオープン・イノベーションが流行る世界は、数十年後のために画期的な技術シーズを生んで播くということを、ほとんどしていないのです。

国の成長力が弱まる

短期主義というオープン・イノベーションの弊害は、グローバリゼーションによってさらに増幅しました。

近年、台湾や中国など新興国の企業が、先進国企業から、生産請負（EMS）だけではなく、開発・生産請負（ODM）までも受託できるようになりました。こうして、オープン・イノベーションは、国境を越えて、グローバル化しました。この生産・開発の海外委託を「オフショアリング」と言います。

また、ITの発達により、会計、コンピュータのプログラミング、建築設計、エンジニアリングといった、かつては国内にとどまっていたサービス産業までもが、電子媒体を通じて海外に移転できるようになり、オフショアリングが可能な領域は、一挙に拡大しました。

経済学者のアラン・ブラインダーは、このオフショアリングがアメリカの産業構造に深刻な影響を及ぼしていると警鐘を鳴らしています。彼は、オフショアリングによって、アメリカから海外へ流出する雇用は三〇〇〇万人に達する可能性すらあると言うのです。

オフショアリングが徹底的に進むと、先進国の国内にとどまる産業は、電子化しにくいためにオフショアリングに不向きな対人サービス産業だけとなります。しかし、対人サービス産業は、対人という性質上、時間当たりの生産性を向上させにくいという性質があります。

例えば、クラシック音楽の演奏は、聴衆に良い音を届けられる範囲に限度があるので、コンサート・ホールの規模を拡大して生産性を上げることができません。あるいは、学校教育という対人サービスのように、そもそも規模を拡大させて生産性を向上させること自体が望ましいとは言えないという場合もあります。

生産性が向上しないということは、対人サービスは相対的に高価格になるということを意味します。つまり、需要の伸びに限度がある。それにもかかわらず、対人サービス産業での雇用を求める労働者が増えれば、賃金は下落することになります。しかも、最近では、ＩＴの発達がより進んで、対人サービス産業のオフショアリングすらも可能になりつつある。こうして、オフショアリングは、先進国の労働者を窮乏化させていくのです。(72)

最近、オフショアリングが先進国の労働者を窮乏化させていることを示す実証研究が、続々と発表されるようになっています。(73)

国内から消えていくのは、労働者の雇用だけではありません。技術開発力までオフショアリング、つまりグローバルなオープン・イノベーションによって、国外へと流出していきます。その結果、国内のイノベーションを生む力が弱まっていきます。

第二章で参考にしたように、アメリカの生産性は停滞し、第三次産業革命ともてはやされたＩＴ革命が起きたにもかかわらず、画期的なイノベーションは起きなくなっています。このことと、オープン・イノベーションが広まったこととは、何の関係もないとは到底思えません。

実際、グローバルなオープン・イノベーション（＝オフショアリングあるいはアウトソーシング）が経済停滞の原因であるということは、優れた経済学者たちによって指摘されるようになっています。

例えば、アメリカ経済の成長力の消滅に警鐘を鳴らしたロバート・ゴードンは、こう述べています。

コンピュータ時代が生み出した問題は、大量の失業ではなく、良質で安定した中程度のレベルの仕事が、ロボットやアルゴリズムだけではなく、グローバリゼーションと他国へのアウトソーシングによって次第に消滅すると同時に、比較的低賃金のルーチ

ンの定型業務だけが増えていることである。(74)

経済学者のポール・デイヴィッドソンの言葉も引用しておきましょう。

多国籍企業の成長と大量生産品の国際貿易に対する多くの障害の撤去によって、国内の労働コストが高い国では、単位生産コストを引き下げるために、生産性を向上させる投資ではなくアウトソーシングが促進された。この現状の下では、国内の単位生産コストを引き下げる生産プロセスへの技術的投資を模索するよりも、アウトソースする方が安上がりなのだ。その結果、企業家が生産と利益を増やす一方で単位生産コストを引き下げるために行った技術的イノベーションが資本主義経済のすべての人々の生活水準を向上させたような昔とは違い、アウトソーシングから得られる大きな利益は、国内の生産技術の研究開発への再投資に向かわなくなったのである。(75)

第二章で論じたように、リンダ・ウェイスは、アメリカの画期的な技術シーズの多くが、軍事関連の研究開発によって播かれたものであることを明らかにしました。しかし、そのウェイスもまた、最近、軍事関連の研究開発から画期的な民生技術の元となるものが派生したとしても、それがイノベーションにつながらなくなっていると警鐘を鳴らしています。それは、国内の生産性の向上へと発展させる製造業の能力がオフショアリングによって失われてしまっているからだというのです[76]。

ここで読者に気づいて欲しいのは、オープン・イノベーションやグローバリゼーションは、いずれもイノベーションを促進し、経済を繁栄させるものとして喧伝されてきたが、実際に起きていることは、その反対だということです。

しかし、国全体の成長力が衰え、労働者が貧しくなったとしても、グローバリゼーション、オープン・イノベーションあるいはオフショアリングは、多国籍企業の経営者や株主といった一部の富裕者層には、少なくとも短期的には莫大な利益をもたらします。小池和男氏の用語に従えば、オープン・イノベーションもオフショアリングも、「短期の競争」には有利なのです。

クリステンセンの嘆き

どうして、企業は短期主義に走り、イノベーションに挑戦しなくなってしまったのでしょうか。

『イノベーションのジレンマ』で有名な経営学者クレイトン・クリステンセンは、ずばり、企業が利益ばかり追求するようになってしまったからだと言っています。

一般的に言えば、企業というものは、利益を追求する組織です。そして、企業は市場における利潤追求の競争を通じて、画期的なイノベーションを生み出すものであるというのが通念になっています。

しかし、利益の追求を至上目的としてしまうと、イノベーションはかえって起きにくくなるのです。それは、クリステンセンに言われるまでもなく、これまでの議論から明らかでしょう。

利益を上げる上で手っ取り早いのは、コストをカットすることです。利益を生み出すイノベーションを起こすには、時間がかかりますが、コストのカットは短期間でもできる。R&D費を削ったり、労働者を解雇したりすればいいのです。オープン・イノベーションは、まさにR&D費の節約のための方策です。その結果、イノベーションが起きなくなるのです。

また、名著『イノベーションの理由』が明らかにしたのは、イノベーションの理由は単純な営利目的ではなく、むしろ利益計算では示すことのできない非経済的な価値観だったということです。営利中心の発想は、このイノベーションの理由たる非経済的な価値観を殺してしまうのです。

「市場競争における企業の利潤追求こそが、イノベーションをもたらす」などという通俗観念は、捨てなければなりません。しかし、どうして、このような通俗観念が広まっているのでしょうか。クリステンセンは、アメリカのビジネススクールが悪いと断じています。

ビジネススクールでは、企業の良し悪しを数値化して判断することを教えます。もし、その数値が上がれば、優良企業とみなされるわけです。その数値としては、例えばＩＲＲ（内部収益率）やＲＯＮＡ（純資産利益率）などが挙げられます。

しかし、問題は、これらの指標が企業のイノベーションを生み出す能力を示すものではないというところにあるのです。

例えば、ＩＲＲについて言えば、何年も収益が上がらないようなことのために資金を投じると、ＩＲＲは悪化します。その結果、長期的な成果を目指すＲ＆Ｄは、ＩＲＲを下げるものとして忌避されます。

ＲＯＮＡも同様です。ＲＯＮＡを上げるには、資産を少なくした方がよい。このため、ＲＯＮＡを上げようとする企業は、積極的に資産を手放します。研究開発や製造を委託するオープン・イノベーションは、まさにＲＯＮＡを上げるためのテクニックなのです。

このように、ＩＲＲやＲＯＮＡといった指標に頼ると、画期的な技術開発にじっくり取り組まない企業の方が優良企業ということになってしまいます。(77) こうした指標が、短期主義を助長するのです。

アメリカのビジネススクールで教わったとおりに企業を経営すると、視野が短期化し、イノベーションが起きなくなってしまうのです。ただし、経営者は、少なくとも短期的には、非常に儲かります。

クリステンセンの批判から察するに、アメリカのビジネススクールは、「短期の競争」での勝ち方しか教えていないのでしょう。ビジネススクールに留学しても、イノベーションの起こし方は教えてはくれません。それどころか、下手をすると、むしろイノベーションの殺し方を学んでしまうのです。

ベンチャー・キャピタリストの原丈人氏はスタンフォード大学のビジネススクールで学

んでいますが、その彼も、クリステンセン同様、経営の数量的な評価手法に偏重するビジネス・スクールのあり方を厳しく批判しています。もっとも、アメリカでも、一九五〇～七〇年代までは、企業のトップは経営の数量化が必ずしも上手ではなく、むしろ「どんな企業であるべきか」という理念に基づく経営をしていました。そしてビジネススクール出身者は、参謀としての役割を果たしていました。

このように、しっかりと経営の役割分担が行われていた時代のアメリカは、ひじょうに強かった。ところが一九八〇年代に入り、ビジネススクール出身の参謀クラスの人たちが社長になりはじめると、企業の目的自体が数字になってしまったのです。この時代、さらにビジネススクールが得意とするM＆Aの手法が加わります。企業の売買は活発になってきたものの、やがて経済全体にマネーゲームの様相が広がっていきました。

（中略）

ビジネススクールで学んだMBA取得者の多くは今、株価という名の「企業価値」を最大化することばかり考えています。そのために経費を削ろうとして、メーカーであれば研究開発費を削り、中央研究所も処分すべきだと彼らは主張します。しかし、モノをつくるメーカーが研究所をもたないで、どうするのでしょうか？[78]

新自由主義と金融化

確かに原氏が言うように、アメリカの企業は、昔から短期主義で利潤追求だけを考えていたわけではありませんでした。マービン・ミンスキーの証言にもあったように、アメリカでも、かつてのベル研究所のように、民間企業の研究所でありながら、長期的な視野に立って研究開発を行い、画期的なイノベーションを生み出していたのです。

ところが、それが変わってしまった。

原氏の言う通り、一九八〇年頃から、アメリカの企業が短期主義へと走ったのです。その経緯を簡単に振り返っておきましょう。

一九七〇年代のアメリカでは、石油危機による不況や、日本あるいは西ドイツの企業の追い上げによって、経済的な閉塞感が蔓延していました。

こうした中で、一九八〇年頃から、企業間の競争を促し、自由市場から活力を引き出すことによって、経済を活性化しようというイデオロギーが台頭しました。そのイデオロギーは、「市場原理主義」とも「新自由主義」とも呼ばれます。

一九八〇年代のアメリカでは、この新自由主義のイデオロギーにのっとって、規制緩和や自由化など、市場の競争を激化させる改革が行われました。第一章で赤羽雄二氏が賞賛していた一九八〇年代のアメリカの改革とは、この新自由主義に基づく政策のことを指しています。

新自由主義の主張は多岐にわたりますが、企業経営との関係では、次の二つが特に重要です。

一つは、「会社は株主のものであり、会社の所有者である株主の利益を最大化するために経営されるべきである」という「株主主権論」です。

この株主主権論に立つと、経営者は、株価を上げることを至上目的として、企業を経営しなければならないということになります。株価を上げることよりも、従業員の利益やR&Dのために資金を回すような経営者は、株主によって追放されるべき存在になります。株主主権論に立つならば、株主の発言力が強い会社ほど、良い会社ということになります。

もう一つは、「自由な金融市場は、最も効率的な企業を選ぶメカニズムがある。すなわち、会社の株価は、その会社がもつ価値を正確に反映している」というもので、これは「効率市場仮説」と呼ばれています。

効率市場仮説によれば、金融市場は自由で、規制が少ない方がよいということになります。その方が、優良企業を選び出す市場の価格メカニズムがいっそう機能するからです。また、効率市場仮説によれば、「あの企業は、株価は高いけれど、本当はそれほど優良ではない」などということはあり得ません。株価は絶対的な指標だからです。

さて、株主主権論と効率市場仮説が正しいとするならば、企業が熱心に自社株買いを行うことは、何も悪いことではありません。なぜなら、自社株買いによって株価を吊り上げることは、所有者たる株主の利益のためになるので、株主主権論からすれば当然です。そして、自社株買いで吊り上げられたとしても、株価は、その企業の価値を正確に反映しているはずだから問題はない。これが、効率市場仮説の論理なのです。

また、経営者がストック・オプションを持つことは、経営者のインセンティブが株価の上昇に向かうので、これも株主主権論や効率市場仮説からすれば、良いことだという結論しか出てきません。

こうして一九八〇年代以降のアメリカは、株主主権論と効率市場仮説を信じ込んで、数々の改革を行いました。例えば、一九八二年、証券取引委員会が規則10b—18を制定し、自社株買いをやりやすくしました。また、一九八一年にストック・オプションの最高所得税率が引き下げられ、経営陣が受け取ることができるストック・オプションの上限が事実上撤廃されるなどの改革が行われました。

さらに金融市場の規制が緩和されたことで、大量の資金がなだれ込み、金融機関の支配力が飛躍的に増大しました。

こうしてアメリカ経済は、金融が支配する「金融化（financialization）」が進み、「金融資本主義」と呼ぶべきシステムになったのです。

例えば、アメリカ経済における金融部門のGDP寄与度は一九七八年から三〇年間で、三・五パーセントから五・九パーセントへと伸びました。金融業界が保有する資産は、一九八〇年にはGDP比で五五パーセントであったのが、二〇〇〇年には九五パーセントにまで膨らんでいます。一九八〇年から二〇〇五年までの間、非金融部門の利益の伸びは二五〇パーセント伸びたのに対し、金融部門の利益は八〇〇パーセントも伸びています(79)。

金融機関の支配力が強くなったことで、株価の最大化や短期的利益の追求への圧力が格段に強くなりました。また、金融機関は保有する企業の金融市場における価値を最大化するため、M&Aが盛んに行われるようになりました。冨山和彦氏が「オープン・イノベーション」と呼んで推奨したM&Aとは、金融化の産物だったのです。

金融化がイノベーションを阻害する

では、この金融化は、新自由主義（とりわけ株主主権論と効率市場仮説）のもくろみどおり、アメリカ経済の成長に寄与したのでしょうか？

答えは、ノーです。

まず、アメリカ経済は、一九八七年の株式市場の暴落（ブラック・マンデー）、一九九〇年代前半のS&L危機、あるいは二〇〇〇年代初頭のITバブルの崩壊、二〇〇七年のサブプライム危機といったように、金融危機が頻発するようになりました。その最悪の金融危機が、二〇〇八年のリーマン・ショックです。

また、第二章において論じたように、アメリカ経済は、金融化が進展した一九八〇年代以降、生産性の伸びが鈍化しています。画期的なイノベーションが起きにくくなっているとも言われています。

図８　金融部門の成長と生産性の成長の関係

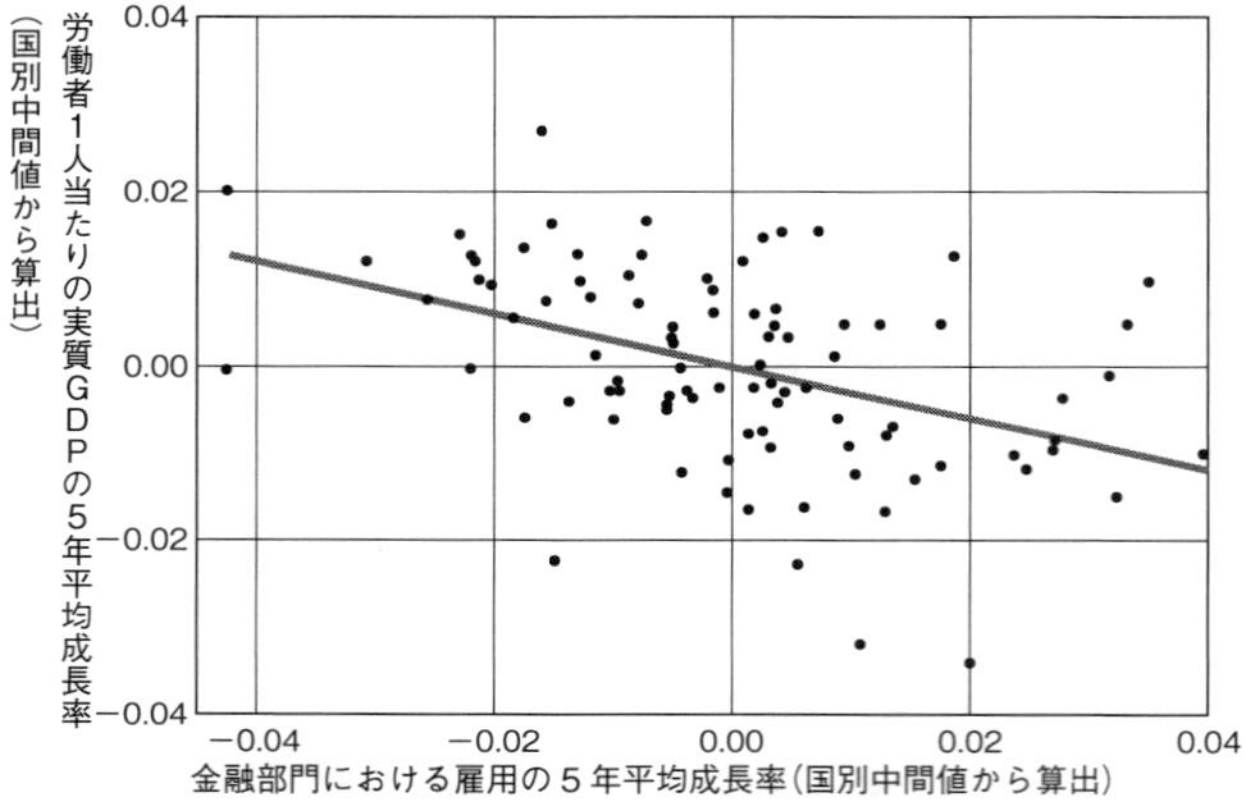

出典：*BIS Working Papers* No 381 'Reassessing the impact of finance on growth,' Stephen G Cecchetti and Enisse Kharroubi, Monetary and Economic Department, July 2012 (http://www.bis.org/publ/work381.pdf)

この経済停滞をもたらした要因の一つは、金融化であると考えられます。

実際、国際決済銀行のスティーブン・チェケッティらは、二〇ヵ国について三〇年間のデータを使って分析し、金融部門が成長すると生産性はむしろ低下するという結果を導き出しています(80)（図8）。

また、スウェーデンのエコノミストのフレドリック・エリクソンとビジネス・ストラテジストのビヨン・ウェーゲルの二人は、タイラー・コーエンやロバート・ゴードンらと同じように、イノベーションが起きなくなっていると警鐘を鳴らしていますが、その原因の一つとして彼らが挙げたのも、金融化でした[81]。

金融化が経済を活性化するという新自由主義の理論は、間違っていたのです。

どう間違えていたのか。それは、金融化を正当化する理論である「株主主権論」と「効率市場仮説」のいずれも、イノベーションについての理解が根本的に欠けていたからです。

まず「株主主権論」から見ていきましょう。

株主主権論は、会社の所有者である株主が経営を支配すべきだという理論です。しかし、第四章において論じたように、イノベーションを起こすには、そのイノベーションに必要な資源動員のための理由を関係者に納得してもらう必要があります。そして、組織内部の関係者であれば、信念や価値観を共有しているし、よくコミュニケーションをとっているので、納得してもらいやすい。しかし、株主のように組織の外部にいて、頻繁にコミュニケーションをとっているわけではない者に対しては、資源動員のための理由を理解してもらうことは困難を極めます。外国人株主であればなおさらでしょう。しかも株主というものは、多くの場合、技術開発の素人に過ぎません。

そんな株主に対して、経済的に成功するかどうかわからず、しかも結果が出るのは一〇年以上も先だというようなイノベーションのアイディアへの投資をどうやって納得してもらえばよいというのでしょうか。そんなことは、ほとんど不可能と言ってよい。株主主権の下では、画期的なイノベーションを起こすのは、原理的に無理なのです。

もう一つの「効率市場仮説」ですが、これもまた、根本的な過ちを犯しています。

効率市場仮説は、市場の価格が財の価値を正確に反映しているはずだという理論です。しかし、市場で取引できるものは、現時点においてこの世に存在する財だけです。これに対して、イノベーションというものは、将来、どんな成果を出すのか分からないものであり、現時点ではその成果の価値を評価しようもないものです。つまり、イノベーションというものは、原理的に、市場価格では評価できない性格のものなのです。

したがって、株主主権論と効率市場仮説から導き出される金融化がイノベーションを促進するものとなることはあり得ません。むしろ金融化は短期主義を助長し、イノベーションの阻害要因となるのです。

金融化の産物としてのベンチャー・キャピタル

実は、ベンチャー・キャピタルというビジネス・モデルがアメリカで隆盛したのも、金融化と深い関係があります。

一九七〇年代まで、アメリカの労働者年金基金は、ベンチャー・キャピタルへの投資に消極的でした。というのも、アメリカの従業員退職所得保障法（ERISA法）が、年金基金の運営者に対して、投資に関する善管注意義務に従わない場合には、個人的責任を負うように定めていたからです。

ところが、全国ベンチャー・キャピタル協会（NVCA）やアメリカ電子産業協会（AeA）といったロビー団体がアメリカ政府を動かし、年金基金の運営者が基金の五パーセントまでであれば、ベンチャー・キャピタル・ファンドのようなリスクの高い資産に投資をしても、善管注意義務違反にはならないこととしました。

五パーセントとは言っても、年金基金の運用額は莫大なものです。これによって、大量の資金がベンチャー・キャピタルへと流入しました。

しかし、ベンチャー企業への資金供給は、供給量が多ければ多いほどよいというものではありません。原丈人氏によれば、一人のベンチャー・キャピタリストがマネージできるのは多くて五〇億円程度だということです。それが、数年でその数十倍もの資金がベンチャー・キャピタルに流れ込んできたのです。その莫大な資金を運用したのは、ファンド・マネージャーたちでした。「こうして多くのベンチャーキャピタルが変質し、たんなる未公開株式の投資信託ファンドのようなものになってしまったのです[82]」。

本来であれば、年金基金は退職後の生活保障を目的とするものですから、長期の運用を考慮するはずです。しかし、年金基金から運用を依頼されるファンド・マネージャーは、短期主義的な投資行動をとる傾向にあります。というのも、年金基金の目的が長期だとしても、その代理人のファンド・マネージャーの目的は、任期途中で解任されないように実績を上げることです。このため、ファンド・マネージャーは自分の任期という短期の間に実績を上げるべく、投資先の企業のCEOに短期間で高い収益を上げるように圧力をかけます。こうして、企業の行動も短期主義的になってしまうのです[83]。

さらにNVCAなどのロビー団体の活動により、キャピタルゲイン課税が引き下げられ、一九七六年にはおよそ四〇パーセントだったのが、一九八〇年代前半には二〇パーセントへ、さらに二〇〇三年のいわゆるブッシュ減税によって一五パーセントにまで引き下げられました。資本取引はいっそう活発になり、金融市場はバブルとその崩壊という乱高下を繰り返すようになりました。金融市場は、中長期のリターンに期待する「投資」ではなく、短期の売買による利鞘を狙う「投機」の場となってしまいました。

すでに確認したように、ハイテク・ベンチャー企業はほとんどが失敗に終わっており、またベンチャー・キャピタルが起業において果たしている役割もきわめて限定的なものでした。しかし、ベンチャー・キャピタリストたちは、金融化の波に乗って成功を収め、そのうちの何人かはスーパー・リッチの仲間入りを果たしました。ベンチャー・キャピタリストたちは、大量に資金が流入して投機の場と化した金融市場を利用して、ベンチャー企業の新規上場やM&Aといった取引を活発に行い、大儲けしたのです。(84)

株式市場が投機の場と化すと、株価は、ちょっとしたニュースに反応して上がったり、下がったりするようになります。例えば、ある製薬ベンチャー企業が開発した新薬が政府に承認されたとか、あるロボット・ベンチャー企業がロボット・コンテストで優勝したとか、ある人工知能ベンチャー企業が大手IT企業との契約締結に至ったといった派手なニュースが流れると、そのベンチャー企業に対する期待が高まって、株価は跳ね上がります。

株式市場というものは、ジョン・メイナード・ケインズがかつて「美人投票」のたとえで説明したように動きます。「美人投票」というのは、美人コンテストで優勝した女性に票を投じた者が賞金をもらえるというゲームです。このゲームでは、投票者は、自分が美人と考える女性ではなく、みんなが美人と考えているであろう女性に票を投じるようになります。

これと同じで、投機家は、自分が成長を期待するベンチャー企業の株を買うのではなく、「みんなが期待するだろう」と予測するベンチャー企業の株を買うのです。投機家に必要なのは、ベンチャー企業のイノベーションの潜在能力についての目利きではありません。これから流行るであろうベンチャー企業を見抜く能力です。そのベンチャー企業が本当に成長するかどうかは関係ありません。一瞬でも期待されて、その時だけ株価が上がればいいのです。

こうしてベンチャー・キャピタリストたちは、保有するベンチャー企業の株式の株価がピークとなったと判断するやいなや、それを売却して稼いだのです。

要するに、ベンチャー・キャピタルの成功は、起業によるイノベーションの支援によってではなく、単にベンチャー企業という資産を巡る巧みな金融取引によるものに過ぎないのです。しかし、一部のベンチャー・キャピタリストが見せた眩いばかりの金銭的成功が、ベンチャー企業によるイノベーションの成功と見間違えられることとなりました。

第三章の議論において、ベンチャー・キャピタルは、イノベーションについての目利きなどしていないことを明らかにしました。ベンチャー・キャピタルとは、「イノベーション（革新）」ではなく、「スペキュレーション（投機）」の目利きだったのです。

ベンチャー・キャピタリストが、ベンチャー企業の創業や上場やM&A、オープン・イノベーション、あるいは大企業からの人材や技術の放出を熱心に推奨している理由もまた、これで見えてきたのではないでしょうか。そういう取引の動きに伴う変化を利用して、短期的に儲けるためです。

逆に言えば、企業に中長期的な視点からじっくりと自前のイノベーションに取り組まれてしまったら、上場やM&Aなどを通じた投機的なビジネスは成り立ちません。だから、「パッと始めて3ヵ月後うまくいかなければ、『はい潰しましょう』と言って潰す」のです。ベンチャー・キャピタルは、本当の意味でのイノベーションなど望んでいないのです。

そんなベンチャー・キャピタルがやっているのは、スペキュレーションで儲けることです。それを「イノベーション」だと言うのは、「看板に偽りあり」というものではないでしょうか。

もちろん、すべてのベンチャー・キャピタルがマネー・ゲームにうつつを抜かしているなどとは思いません。原丈人氏に代表されるように、ベンチャー企業を長い目で育てようとする本物のベンチャー・キャピタリストもいるのでしょう。ベンチャー・キャピタルという存在を全否定するつもりはありません。

しかし、一般論としては、そして一九八〇年代以降の趨勢としては、これまで述べたようなことが、ベンチャー・キャピタル・ビジネスの実態だと言っても差し支えないのではないでしょうか。現に、原氏ももはや「本物のベンチャーキャピタルは死んだ」と嘆いているのです。

第七章

なぜ日本経済は、いつまでも停滞から抜け出せないのか

マイケル・ポーターの心配

一九九二年、著名な経営学者マイケル・ポーターが、『ハーバード・ビジネス・レビュー』誌において、アメリカ企業の短期主義を批判する論文を掲載しました(85)。

その中でポーターは、アメリカの企業の投資行動を日本やドイツと比較し、その欠陥を次のように挙げていました。

・アメリカでは、設備投資、あるいはR&D費や企業内の訓練費のような無形資産への投資がより乏しい。
・アメリカ企業は、人的資本、サプライヤーとの関係、海外市場での立ち上げにかかる投資の比率がより低い。
・アメリカ企業のR&Dの内訳は、長期的なプロジェクトの比率がより低い。
・アメリカ企業のCEOたちは、投資の視野がより短く、市場の圧力が長期的な投資を妨げていると感じている。
・株式保有の平均期間は一九六〇年には七年以上であったが、今では二年程度になっている。

等々。

このポーターの警鐘からおよそ二〇年が経った二〇一一年、マッキンゼー社のドミニク・バートンが、やはり同じ『ハーバード・ビジネス・レビュー』誌において、アメリカの資本主義を「四半期資本主義」と呼んでいます。一九八〇年代から進行した短期主義の病は、企業が四半期ごとの業績をより高めることを目的とするほどまでに悪化してしまったのです。

バートンによれば、事態は、ポーターが心配していた二〇年前よりもずっとひどくなっています。アメリカにおける株式の平均保有期間は、二年どころか、ついに七ヵ月程度にまで短期化しました。全米の株式取引の七割は、極端な場合は数秒だけしか保有しないような超短期の取引を行う「ハイパースピード」トレーダーが動かしているという推計もあります(86)。

これでは、企業は超短期主義に陥らざるを得ません。四半期という短期の業績の最大化を目指さないような経営者は、大手の投資家たちによって追放されてしまうからです。

そして、この短期主義が、アメリカだけでなく、日本にも蔓延するようになりました。

ポーターは、一九九二年の段階では、短期主義のアメリカ企業を、より長期の投資を行っている日本やドイツの企業と比較していましたが、その一方で彼は、すでにその当時において、日本やドイツの企業も、ゆっくりではあるがアメリカ型に近づきつつあるとも指摘していました。つまり、短期主義化しつつあるというのです。

その後、日本の企業形態は、おそらくポーターの予想をはるかに上回る形で、アメリカ型に近づいていきました。何が、日本企業のアメリカ化・短期主義化をもたらしたのか。それは、一九九〇年代後半からの企業経営をめぐる一連の構造改革、いわゆる「コーポレート・ガバナンス改革」です。

短期主義をもたらした構造改革

一九九〇年代後半からの日本のコーポレート・ガバナンス改革の流れを簡単に振り返ってみましょう。

まず、一九九七年の改正商法でストック・オプション制度が導入され、さらに二〇〇一年の改正商法で新株予約権制度が導入されたことで、その普及が促進されました。

二〇〇一年の改正商法では、自社株買いについて目的を限定せずに取得・保有することが可能になり、二〇〇三年の改正商法ではさらに、取締役会の決定で自社株買いが機動的にできるようにする規制緩和が行われました。

アメリカの企業は株価重視と短期主義に走り、それが賃金の抑制とイノベーションの鈍化を招いたのですが、ウィリアム・ラゾニックは、その諸悪の根源はストック・オプションと自社株買いにあると論じました。そしてイノベーティブな企業組織を取り戻すために、ストック・オプションと自社株買いを禁止もしくは制限することを提案しています。

しかし、日本はアメリカの後を追って、この二つを導入し、規制を緩和し続けたのです。

また、一連の構造改革では、日本経済を金融化する政策も推し進められました。

一九九六年から二〇〇一年にかけて、外国為替業務の自由化、証券デリバティブの全面解禁、銀行業務と証券業務の相互参入のための規制緩和、投資信託の商品多様化、証券会社の業務多角化などの改革が行われました。いわゆる「金融ビッグバン」です。

外資による買収を促進する制度改正も行われました。

例えば、二〇〇二年の改正商法で、アメリカ的な社外取締役制度が導入され、外資による日本企業の買収が容易になりました。さらに、二〇〇五年には会社法が制定され、株式交換が外資に解禁されました。その結果、日本企業の外国人持株比率は一九九〇年代半ばまでは一割程度でしたが、その後、上昇に転じ、二〇〇六年には全体の約四分の一を占めるに至っています（図9－1）。

第六章において見たように、企業の短期主義化は経済の金融化によるところが大きいし、M&Aの活性化は短期主義化の圧力をますます強めます。外資導入の促進は、当然にして、短期主義化という結果を招くこととなりました（図9－2、図9－3）。

例えば、日本銀行の川本卓司氏と篠崎公昭氏の実証研究は、二〇〇二年から〇七年にかけての大企業による人件費の抑制の理由として、株主利益の最大化を求める海外ファンドの圧力により、株主への配当を重視する経営が広まったことを挙げています[87]。

二〇一五年度の『労働経済白書』も、賃金が上がらない理由として、非正規雇用の増大と並んで、企業の利益処分の変化（株主重視）を挙げています[88]。

イノベーションを殺す短期主義への改革は、これだけではありません。

一九九九年には労働者派遣事業が製造業などを除いて原則自由化され、二〇〇四年には製造業への労働者派遣も解禁されました。これにより企業が人件費を抑制することが容易になりました。いわゆる「労働市場の流動化」です。

図 9-1　外国人持株比率（5 証券取引所計）

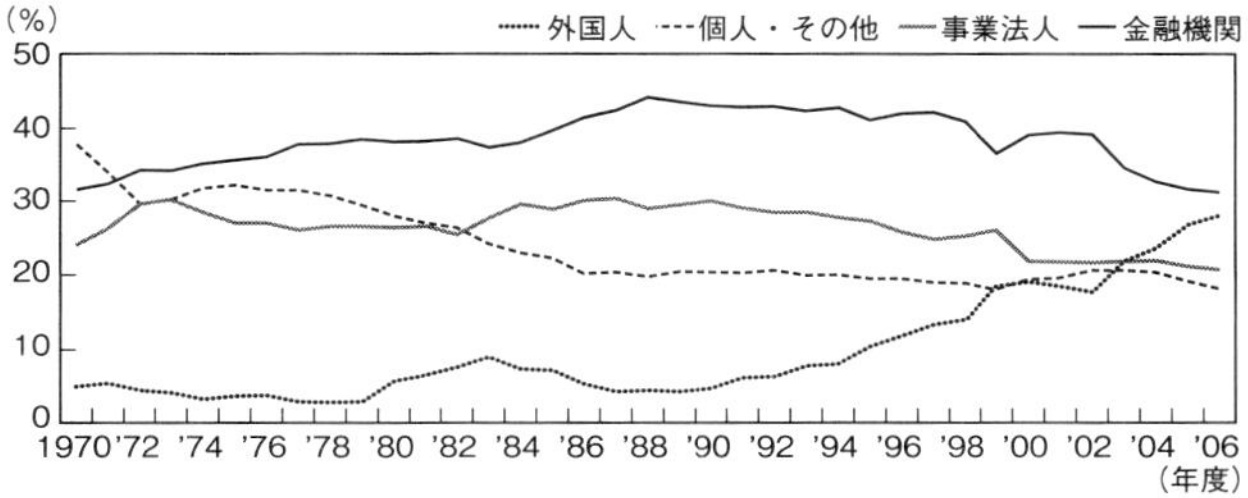

図 9-2　配当金総額および人件費総額の推移（法人企業統計年報・大企業）

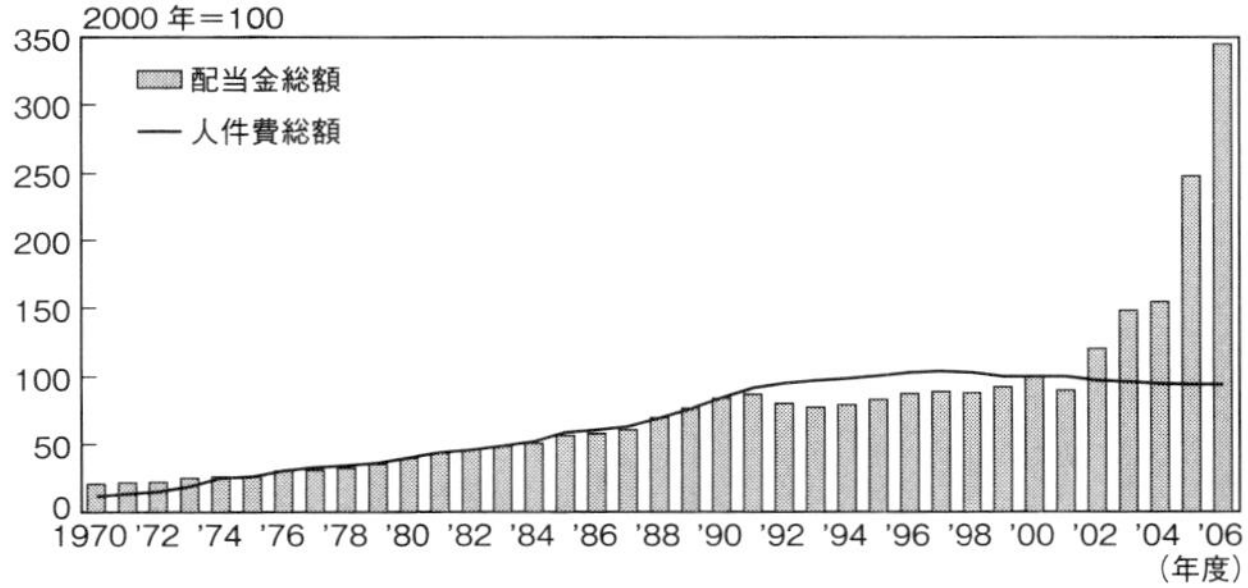

図 9-3　日本企業の「利益に対する考え方」

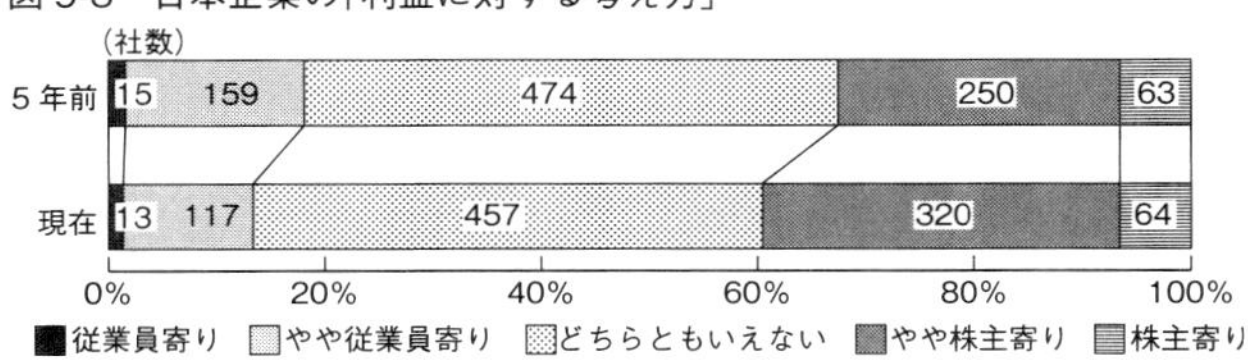

出典：川本卓司・篠崎公昭「賃金はなぜ上がらなかったのか？―― 2002 ～ 07 年の景気拡大期における大企業人件費の抑制要因に関する一考察」日銀ワーキングペーパーシリーズ No.09-J-5　2009 年 7 月

（注）東京証券取引所「株主分布状況調査」、財務省「法人企業統計調査」、内閣府「平成 19 年度年次経済財政報告」、同「企業の新しい成長戦略に関するアンケート」より作成
株主寄りは、人件費も他の経費と同様にできるだけ抑え、なるべく利益を計上し、株主への配当を優先

さらに二〇〇一年には、確定拠出型年金制度が導入されて、従業員は自己責任で年金を運用することになりました。これにより、企業は従業員の年金に関する責任から解放され、リストラによる人件費の削減がいっそう容易になりました。

野中郁次郎氏らが喝破したように、イノベーションとは人材の能力の成長のことです。そして、小池和男氏が論じたように、イノベーションを生み出す人材の育成には時間がかかるので、長期雇用が必要です。長期雇用の労働者こそが、イノベーションの源泉なのです。しかし、一連の労働法制の改革による労働市場の流動化は、この長期雇用を破壊しました。それは当然にしてイノベーションを殺し、その代わりに、企業と株主の短期的な利益を極大化するという結果をもたらします。

労働市場の流動化は、次のようなメカニズムによっても、イノベーションを阻害します。

かつて、労働組合が強く、経営者が労働者の賃金の抑制や解雇をするのが難しかった時代がありました。その頃は、労働コストが高くなっていきがちであり、企業は常に競争力を失う恐れにさらされていました。しかし、首切りが難しいから、労働コストを下げることはできない。このため、企業は解雇や賃金抑制ではなく、イノベーションを行い、生産性の向上や製品の高付加価値化によって競争力を高めるしかありませんでした。つまり、労働市場が硬直的で、賃金抑制や首切りが難しかったからこそ、企業はイノベーションに熱心になったのです。

しかも、労働者の所得が増え、雇用が安定的であれば、消費も増え、経済は成長する。労働者は経営者にさらなる賃上げを求め、経営者はいっそうイノベーションに邁進する。こうしてイノベーションと経済成長の好循環が生まれました。構造改革以前の日本経済は、このようにして成長していたのです。そして一九八〇年以前のアメリカもまた、同じようにして成長していました。

ところが、一九九〇年代以降の日本では、新自由主義的な構造改革によって、労働市場の流動化が進められました。要するに、リストラや賃金抑制が容易になったのです。その結果、企業は、賃金抑制、非正規雇用の利用あるいは解雇によって、労働コストを削減すれば、容易に競争力を向上させることができるようになりました。時間がかかり、リスクも大きい面倒な技術開発に賭けなくても、利益が生み出せるようになったのです。

要するに、労働市場の流動化によって、企業のイノベーションに向けてのインセンティブが大きく損なわれたということです。言い換えれば、労働市場の流動化は、企業の短期主義を助長したのです。

労働市場の流動化の結果、労働者の所得は伸び悩むようになり、消費需要は低迷するようになりました。いわゆるデフレ不況です。こうして、日本経済は成長しなくなってしまったのです。

消費需要が低迷すると、企業も製品が売れなくなって困るはずです。しかし、企業は国内需要には見切りをつけて、海外需要に活路を見出していきました。そうすれば国内の労働者は貧困化しても、企業は利益を出し続けることができるからです。ついには、第六章で述べたように、生産や技術開発までもが海外へと移転するオフショアリングまでもが行われるようになり、企業の短期主義はさらに加速しました。これがグローバリゼーションです(89)。

構造改革とは、長期主義から短期主義への改革であり、イノベーションの力を弱める改革なのです。

洗脳された官僚の影響

これまで明らかにしたように、アメリカでは、経済の金融化や株主重視の企業改革、とりわけストック・オプションと自社株買いによって短期主義が助長されました。その結果、ベンチャー企業の開業率は低下し、イノベーションが起きにくい国となってしまいました。

日本は、一九九〇年代半ば以降、そのアメリカを真似て、金融制度や企業統治の構造改革を進めてきたのです。日本のベンチャー企業の開業率がなかなか伸びないことや、イノベーションが起きなくなったと嘆く声が後を絶ちませんが、アメリカを真似たのだから、それも当然でしょう。しかも、アメリカを真似た構造改革を支持する人ほど、日本の開業率の低さやイノベーションの鈍化を批判するのですから、たちが悪い。

他方で、日本の二〇年にわたる構造改革による金融化や短期主義化については、これを批判し、懸念し続けた学者もいました。イギリスの社会学者ロナルド・ドーアもその一人です。

ドーアは一九五〇年に来日して以来、長きにわたって日本の経済社会、とりわけ日本の企業経営を研究し、多大な業績を上げてきた権威です。彼はイギリスやアメリカと日本の企業経営を比較し、日本的経営の独自性やその長所を早くから見出し、高く評価してきました。

一九九〇年代以降、日本が政官財学を挙げて、日本的経営の批判を展開し、日本型資本主義をアメリカ型へと変える構造改革に邁進していた頃、ドーアは幾度となく、「日本的経営の美点を捨てるべきではない」と説いて回りました。しかし、日本の構造改革論者たちは、ドーアの警告にまったく耳を貸そうとはしませんでした。

二〇〇八年のリーマン・ショックにより、アメリカの金融資本主義の破綻が明らかになると、ドーアは『金融が乗っ取る世界経済』（中公新書）を著し、日本的経営の長所を改めて説きました。それでも、日本の政官財学の主流を占める改革論者たちは、またしてもドーアの忠告を無視し、相も変わらず構造改革に邁進し続けました。

その結果、日本の経済や企業経営がどうなったかは、すでに見たとおりです。

二〇一四年、齢九〇になったドーアは、再び日本についての本を出版しました。悲しいことに、そのタイトルは『幻滅』です。

大の親日家だったあのドーア先生が、ついに日本に幻滅してしまったのです。猫も杓子もアメリカ的な改革を唱える中で、彼は「日本は、論争の趣味がない、知的砂漠になってきた」とため息をついています。

かつての日本は、日本的だったからドーアの興味を引いたのです。アメリカ化した日本など、研究する価値はありません。ドーアが幻滅したのも、当然と言えるでしょう。ドーアは、日本に対する好意が冷めてきたのは一九八〇年代頃からだと述べていますので、日本のアメリカ化はその頃から始まっていたようです。

どうして、日本はアメリカ化してしまったのか。その原因の一つとして、ドーアは、経済官僚のアメリカ留学を挙げています。

一九六〇年から、富裕層の息子で、日本のいい大学に入学する見込みがなくて、親のお金で留学する人も多くなったが、それ以外に、官庁、大企業が社費で、毎年、新社員の一番優秀な人を幾人か、ときどきはヨーロッパだが主として米国へ、MBAや経済学・政治学の修士・博士号をとりに送られた人が大勢いた。

その「洗脳世代」の人たちが、いよいよ八〇年代に課長・局長レベルになり、日本社会のアメリカ化に大いに貢献できるようになったというわけだ。そして、日米同盟の深化にも。(90)

クレイトン・クリステンセンや原丈人氏は、アメリカの短期主義化の原因として、ビジネス・スクールを挙げていました。そのビジネス・スクールに留学して短期主義を学んだ官僚たちが、それを日本に持ち込んで、構造改革を始めたというわけです。

ROE包囲網

しかし、ビジネス・スクールで洗脳された官僚たちは、アメリカ化を少しも止めようとはしていません。特に二〇一四年は、このアメリカ化、金融化、そして短期主義化に向けたコーポレート・ガバナンス改革が決定的に強まった年となりました。

改革の代表的な例を挙げると、まず、家計の資金を投資に向かわせるための少額投資非課税制度（NISA）が導入されました。また、年金積立金管理運用独立行政法人（GPIF）の公的・準公的資金運用やリスク管理体制などが見直され、ポートフォリオにおける国内および海外の株式の比率が高められました。GPIFの運用先をベンチャー・キャピタル投資にも拡大することも提言されていますが、これは、第六章で述べたアメリカの一九八〇年代の労働者年金基金の運用変更をモデルにしていることは明らかでしょう。

さらに、機関投資家等への規律としてスチュワードシップ・コードや、企業に対する外部ガバナンスの規律であるコーポレート・ガバナンス・コードが策定されました。

これらは、イギリスのコードをモデルにした「日本版」であり、そのお題目は、会社の持続的な成長と中長期的な企業価値の向上に資するため、企業と株主との間の対話を求めるというものです。それを字義通りに受け取るならば、企業の短期主義を是正しようというものに見えますが、実際には、その逆に短期主義を招いています。例えば、二〇一四年の株主総会で、より高い配当を求める決議案の数は一四件を記録し、そのうち五件はイギリスのアクティビストとして悪名高いザ・チルドレンズ・インベストメント・ファンドによるものでした[91]。

他にも、二〇一四年には日本取引所グループにおいて「JPX日経インデックス400」の運用が始まり、GPIFもこのインデックスに連動する運用を開始しています。JPX日経インデックス400は投資家にとって投資魅力の高い企業を一年ごとに選定します。企業は、このインデックスの採用銘柄になるために、毎年、選定基準を達成しようとやっきになります。こうして、短期主義が助長されるのです。

さらにまずいことに、二〇一四年八月、経済産業省の研究会が「持続的成長への競争力とインセンティブ――企業と投資の望ましい関係構築」プロジェクト「最終報告」（通称「伊藤レポート」）なるものを公表し、その中でグローバルな投資家に認められるROE（株主資本利益率）の最低水準は八パーセントであると明記しました。ROEとは、企業の自己資本（株主資本）に対する当期純利益の割合のことです。

これにあわせて、海外機関投資家に強い影響力をもつ議決権行使助言会社のISS（Institutional Shareholder Services Inc.）は、二〇一五年二月以降、過去五年の平均ROEが五パーセントを下回る企業に対しては、株主総会で経営トップの選任案に反対票を投じることを機関投資家に推奨することとしています。

この「伊藤レポート」について、小樽商科大学ビジネス・スクールの手島直樹准教授は、スチュワードシップ・コード、コーポレート・ガバナンス・コード、JPX日経インデックス400、議決権行使助言会社とあわせて、「ROE包囲網」と呼んでいます。手島氏は、ROEを経営指標にすることの問題点を次のように指摘していますが、その趣旨は、クリステンセンによるIRR批判と基本的には同じです。

まず、ROEは当期純利益を自己資本で割ったものに過ぎないので、分子の当期純利益は変わらなくても、株主還元により分母の自己資本を減らすという安易な方法でも、数値を改善することができてしまいます。それゆえ、投資家は、ROEの改善を強く要求することで、企業の中長期的な投資に向けるべき内部留保を吐き出させ、株主に還元させることができます。

その結果として、経営の短期主義化の圧力が発生します。企業経営者は、イノベーションの源泉である中長期的な投資を削減して、ROEを改善させようという方向へと向かうようになるのです[92]。

原丈人氏も、ROEの改善を目的とする経営を厳しく批判しています。

「ROE経営は『すでにあるもの』の効率化を図ることはできても、『今はないが、将来つくるもの』の価値を最大化することはできません。反対に、そういうものを積極的に切り捨てたほうが、ROEは上がる。ROE至上主義では、今後の産業転換に適応していくことはできないのは明らかです[93]」

まったくその通りだと思いますが、しかしビジネス・スクールに留学してきた「洗脳世代」の官僚たちには、この程度のことすらも「明らか」ではないようなのです。

問題はまだあります。

ROEの改善を目標にするならば、企業は自社株買いを積極的に行うようになります。自社株を購入して消却すると株式の発行数は減少し、分母の株主資本が圧縮され、ROEが改善するからです。ついでに、自社株買いにより株価が上昇すれば、経営者はストック・オプションを行使して高収入を手にすることもできる。

しかし、ウィリアム・ラゾニックが声を大にして批判しているように、この自社株買いこそがアメリカ企業の短期主義を助長し、アメリカのイノベーションの力を削いできた元凶の一つなのです。

さて、こうしたコーポレート・ガバナンス改革の結果、二〇一六年の一月から九月までにおける上場企業による自社株買いの実施額は、四兆三五〇〇億円と過去最高を記録することになりました。[94] これが、本来であればイノベーションに向かうべき資金だったと考えると、背筋に寒いものを感じます。

アメリカを理想視する官僚たちによるアメリカをモデルにした一連の構造改革の結果、日本は、まさにアメリカのようにイノベーションの起きにくい国へと堕ちていっているのです。

もちろん、コーポレート・ガバナンス改革を主導した金融庁や経済産業省の官僚たちは、「我々は短期主義や金融資本主義を助長したいわけではない。コードや報告書をちゃんと読んでもらえれば、むしろ中長期的な企業価値の向上や持続的な成長を高々と掲げていることが分かるはずだ」と反論することでしょう。

確かにコードや報告書を注意して読めば、さすが「官僚文学」だけあって、そのとおりのことは書いてあります。しかし、実際には、企業の短期主義化は間違いなく助長されているのです。官僚たちに短期主義化の意図がなかったとするならば、彼らの政策は手ひどい失敗に終わったということになります。そうであるならば、コードなり報告書なりを改め、短期主義や金融化を抑制する政策を講じていくべきでしょう。ただし、それは、過去二〇年に及ぶ構造改革の流れを逆転させることを意味します。

しかし、今のところ、そのような気配はまったくありません。

敗戦工作の歴史

もっとも、悪いのは「洗脳世代」の官僚だけではありません。政治家、学者、経営者、評論家、マスメディアも似たようなものです。

東京大学大学院経済学研究科の高橋伸夫教授は、「日本の経営学の歴史、あるいは日本的経営の歴史は、ある意味、敗戦処理の歴史である。しかも誰も責任を取らないまま無責任に繰り返される敗戦工作の歴史である」と述べています。

高橋氏によれば、そもそも「日本的経営」なる言葉は、第二次世界大戦の敗戦からまもなくして使われ始めたようです。その際の言葉のニュアンスは、「進んだ米国の経営に対比して遅れた日本の前近代的な経営」というものでした。そして、終身雇用、年功賃金、企業別組合などの特徴は、一九六〇年代までは、前近代的で家父長的な遺物を残した後進的なものと評価されていました。

ところが、日本経済の復興と高度経済成長を経て一九七〇年代になると、欧米の学者によって「日本的経営」が優れたものというニュアンスを帯びて使用されるようになり、さらに一九八〇年代になると、日本企業の躍進を背景に、欧米企業がむしろ見習うべき長所として絶賛されるようになりました。日本の経営者も経営学者も、欧米による高い評価を勝ち得て、過剰な自信にひたるようになりました。

「ところが、一九九〇年代に入るとバブルが崩壊。バブル崩壊後は、当の日本企業自体が、自分達の経営スタイルに対して自信を失い、見る影もなくしおれ、『日本的経営の存亡の危機』説がマスコミ等で喧伝されるようになった。『第二の敗戦』というキャッチフレーズまで登場する」(95)

バブル崩壊後は、まさに「第二の敗戦」よろしく、日本的経営の評価も敗戦後の「進んだ米国の経営に対比して遅れた日本の前近代的な経営」へと戻ってしまったのです。一九九〇年代初頭、バブルの崩壊によって自信を失った日本は、アメリカをモデルとした構造改革を始めました。もっとも、構造改革の運動が始まってから間もない一九九六年の段階では、野中郁次郎と竹内弘高の両氏は、まだこう言うことができていました。

日本的経営は終身雇用に見られるようにコスト高で機動力を欠いた時代遅れのシステムだから、構造不況を何とかするためには、再び元気の出てきたアメリカ企業に学んで日本的システムを改革しなければならないという議論が盛んである。一部の学者、評論家、経営者たちは、日本の情報産業やソフトウェア産業の遅れを取りあげ、国家政策と日本的経営を根本から変革しなければ日本が滅びる、と声を大にしている。(中略)しかし最近の日本的経営批判には、背後に独自の哲学や理論を持たない浅薄なものが多く、時には時代錯誤の外国崇拝としか思えないようなものもある。そのような批判ほど安直なものはなく、これまでも不況のたびにその種の批判が繰り返され、そして現実によってその嘘が見破られては消えていった。(96)

しかし、平成不況では、野中・竹内両氏の予測に反し、そして彼らの努力にもかかわらず、日本的経営についての嘘が見破られて消えていくということにはなりませんでした。

ちなみに、ドーアは、日本的経営が否定的に評価されていた一九五〇年に来日し、早くから日本的経営の長所に着目し、先駆的な研究を行ってきた社会学者です。しかし彼は、日本的経営が欧米の研究者などによって高く評価され、日本人が舞い上がっていた一九八〇年代には、逆に日本のアメリカ化にいち早く気づき、違和感を吐露しています。そして一九九〇年代以降、日本的経営が再び否定されるようになると、ドーアは逆にそれを擁護する論陣を展開し続けます。

つまり、ドーアは、「誰も責任を取らないまま無責任に繰り返される敗戦工作の歴史」の中で、流行に惑わされず、むしろ流行の逆を張るかのようにして、一貫した主張を続けたのです。しかし、そんな彼も、「ROE包囲網」が完成した二〇一四年には、ついに匙を投げ、日本にすっかり幻滅することとなりました。

私たちは、この老碩学をこれほどまでに失望させたことを大いに反省しなければなりません。

アメリカではの守《かみ》

伊丹敬之《いたみひろゆき》氏もまた、ドーア、高橋伸夫、野中郁次郎と竹内弘高、あるいは小池和男といった優れた学者たち同様、アメリカ礼賛の時流に抗して、企業経営の現場を重視した素晴らしい業績を上げてきた経営学者です。

その伊丹氏は、日本人にはアメリカなど海外の経営手法を真似たがる「途上国メンタリティ」があると指摘しています。

「たとえば、経営の世界にかなりいる、『アメリカではの守《かみ》』がその例である。アメリカではこうやっていると言い募り、だから日本企業もやるべきと論理が飛んで提言してしまう人のことである」(97)

「アメリカではの守」というのは、「アメリカでは〜」とすぐにアメリカの例を持ち出す人のことを、「出羽守《でわのかみ》」とかけて皮肉った表現です。ベンチャー企業論を持ち出す人は、「アメリカでは〜」「シリコンバレーでは〜」といった調子ですから、まさにこの「ではの守」の典型です。

ただし、ここで強調しておくべき大事な点があります。

「アメリカではの守」の構造改革論者に対する批判として、「アメリカの経営手法がアメリカではうまくいっているからと言って、文化の違う日本ではうまくいくとは限らない」という論理が多くみられます。もちろん、文化が違う国の経営手法を真似ただけではうまくいかないというのは、正しい主張です。

しかし、これまでの議論、とりわけ第二章の議論で確認してきたように、実は、「アメリカではの守」がもてはやすアメリカの経営手法は、本場のアメリカでも失敗しているのです。

例えば、アメリカの開業率は一九七〇年代末と比べて半減しています。この四〇年間、生産性の伸びは停滞しています。そして、企業の短期主義化が進み、画期的なイノベーションは起きにくくなっています。

これが、アメリカの真の姿です。

つまり、「アメリカではの守」が提唱する経営手法や制度は、日本には馴染まないというだけではなく、アメリカでもうまくいっていないのです。言い換えれば、「アメリカではの守」は、実は、自分たちが憧れてやまないアメリカのことをよく知らないのです。

そう考えると、過去二〇年以上にもわたって、いくら構造改革をしても日本で起業が増えず、経済が活性化しないのも、当然であると言えるのではないでしょうか。なぜといって、イノベーションを起きにくくし、開業率を下げたアメリカの一九八〇年代以降の政策を、次々と模倣してきたのですから。

要するに、構造改革が足りないから日本経済がダメになったのではなく、構造改革をしたからダメになったのです。

それが分からないから、日本経済がダメだからと言って、構造改革をもっと進めて、もっとダメにする。それでまた、構造改革を加速化する。第一章で見た赤羽雄二氏の「日本の挽回策」などは、まさにそういう構造改革の典型例でしょう。

この悪循環が「失われた一〇年」を「失われた二〇年」にしたのです。こんなことを今後も続ければ、「失われた二〇年」は「失われた三〇年」になるに違いない。これは、招くべくして招いた結果です。何も不思議なことはありません。

平成不況の真の原因

では、日本的経営が優れているというのであれば、どうして平成不況が始まってしまったのでしょうか。

平成不況のきっかけとなったのは、言うまでもなく一九九〇年代初頭の「バブルの崩壊」です。ということは、バブルの発生こそが、平成不況の原因だということになります。

しかし、バブルの発生は、日本経済の構造のせいでも日本的経営のせいでも何でもありません。それは、単に金融政策のミスによるものです。

一九八〇年代は、日米の間では、日本の経常収支黒字の削減が問題となっていました。新自由主義に染まっていたアメリカ政府は、日本の金融・資本市場は種々の規制によって市場による資本の効率的配分が妨げられていると非難し、金融規制の緩和を強く求めました。これを受けて、日本政府は、一九八四年五月、大口預金金利の自由化、外貨の円転換規制の撤廃、外国銀行単独での信託業務進出の承認などに合意しました[98]。この金融市場の自由化によって金融機関の行動が積極的になったことが、バブル発生の端緒となったのです[99]。

さらに、一九八五年九月のプラザ合意によって急速な円高が進み、「円高不況」が起きました。そこで日本銀行は、一九八六年一月から翌年二月までの間、公定歩合を計五回、二・五パーセントにまで引き下げました。

一九八七年春頃から景気が回復し、資産価格の上昇が顕著になったため、日銀は金融を引き締めようとしました。ところが、一九八七年一〇月に、アメリカで株価暴落（ブラック・マンデー）が勃発したために、日銀は金融引き締めを断念し、低金利政策を継続しました。さらに、一九八八年一月の日米首脳会談において、短期金利の低め維持が言及されました。日本銀行はまたしても金融引き締めの機会を失い、結局、二・五パーセントという低金利は、一九八九年五月までの約二年三ヵ月にわたって続きました。

この異様に長期にわたる金融緩和が、バブルを膨張させたのです。バブルは、金融市場の自由化と低金利政策の長期化がもたらしたものでした。ついでに言えば、いずれもアメリカ政府の要求に従った結果です。

そして、そのバブルが崩壊して、平成不況に突入したという顚末です。

平成不況は、日本的経営の問題でもなければ、日本の経済構造の問題でもありません。単に金融政策の失敗のせいなのです。

にもかかわらず、平成不況は「第二の敗戦」などと大げさに受け取られ、「日本の経済構造や企業経営を抜本的に改革しなければならない」などという構造改革の運動が始まってしまったのです。しかも、よりによって一九八〇年代以降のアメリカ経済を模範として……。

根の深い問題

さて、高橋氏が戦後日本の経営学の変遷について述べた「誰も責任を取らないまま無責任に繰り返される敗戦工作の歴史」というのは、じつは、相当に根の深い問題であると言わざるをえません。というのも、この敗戦工作の歴史は、企業経営論に限った話ではなく、より広く日本文化論や日本人論ともかかわってくるからです。

文化人類学者の青木保氏は、一九四五年から一九九〇年までの日本文化論の変遷を次の四つの時期に区分しています。

第一期は、一九四五年から五四年です。

この時期の日本文化論を席巻したのは、「近代化論」と呼ばれる議論です。「近代化論」に共通するのは、次のような認識でした。

敗戦は日本「国民」にとって未曾有の出来事であり、強烈な屈辱感を国民にあたえたが、それは「むざんな失敗に帰した古い日本にかわる、新しいなにかを望む」ことを全面的に「肯」とする価値観への転換を意味していた。それは「古い日本」を支配していた「システム」を否定することでもあった。「戦後日本」は何よりも「民主主義日本」であらねばならないし、「前近代的、封建的」な「遺制」を取り払って、合理的な社会を創らねばならない。日本社会の「特殊性」は徹底的に否定される必要がある[100]。

この「近代化論」を代表する論者は、政治学の丸山眞男、経済史の大塚久雄、法社会学の川島武宜、文学の桑原武夫でした。

「日本人は個が確立していない」という批判や、いわゆる「欧米の個人主義vs.日本の集団主義」といった対比は今でもよく見られますが、これらはこの時期の近代化論に端を発するものと言えるでしょう。

第二期は、一九五五年から六三年です。

一九五五年は、戦争直後の混乱が徐々におさまり、一九五二年四月のアメリカからの独立を経て、『経済白書』が「もはや戦後ではない」と宣言した年です。このあたりから、欧米をモデルとして日本の特殊性を否定する「近代化論」とは違い、欧米との相対的な比較の観点から、世界の中に日本文化・社会を位置づけようという大胆でユニークな議論が提出されるようになります。

その代表的な例は、加藤周一の「雑種文化論」や梅棹忠夫の「文明の生態史観」です。加藤と梅棹とでは立場は大いに異なりますが、日本文化の積極的で肯定的な意味を一般民衆の生活実感に置き、近代化論のようにその後進性を否定しないという点で、共通していました。

第三期は、一九六四年から八三年です。

この時期に、日本は高度経済成長を遂げ、経済大国となりました。また「六〇年安保」以降は、政治や社会も安定し、いわゆる左翼論壇が退潮していきました。そして「経済的に成長した『豊かな社会』の到来と政治的安定とは、日本人の間にあらためて『文化とアイデンティティー』への強い要求を生み出してくる[101]」。

こうした中で、かつて否定的にみられていた集団主義などの日本文化の特殊性に対して、肯定的な評価を与える（あるいは、与えたとみなされる）議論が次々と登場するようになります。その代表的な議論としては、中根千枝の「タテ社会」論、作田啓一の「恥の文化」の再評価、尾高邦雄の日本的経営論、土居健郎の「甘え」論、濱口恵俊の「間人主義」論、そして佐藤誠三郎・村上泰亮・公文俊平の「イエ社会」論などが挙げられます。

そして第四期は、一九八四年以降です。

国際化が進み、欧米との貿易摩擦が激化する中で、欧米から日本叩き的な論調が出るようになってきた頃です。この時期、日本文化論は、国際化による摩擦や海外からの批判あるいは外圧を受けて、二つに分かれるようになったと青木氏は指摘しています。

一つは、日本と外国との文化的差異を強調し、国際化をするとしても一定程度の限度を設け、日本の特殊性を守ろうという主張です。そしてもう一つは、日本の文化的特殊性は認めるものの、国際化は避けられないとして、むしろ日本文化の特殊性の方を制限しようという主張です。

このように国際化への対応に迫られた日本文化論は、論者によって力点の軽重は異なるとはいえ、おおむねこの二つの流れに分かれました。ただ、「欧米」vs.「日本」という図式において、両者は同じ前提に立っていたのです。

なお、青木氏の著作は一九九〇年のものなので、第四期がいつ終わったのかは定かではありません。しかし、青木氏の著作が出版されて間もなくして、いわゆるバブル経済が崩壊し、「第二の敗戦」を迎えたとさえ言われるようになりました。

その結果、日本文化論はどうなったか。私たちは、すでにその答えを知っています。いわゆる日本的経営批判とアメリカの経営に対する礼賛です。そのアメリカ礼賛の典型が、ベンチャー企業論だと言ってもよいでしょう。

さて、ここで青木氏の日本文化論の変遷に関する議論を、もう一度振り返ってみましょう。

青木氏は戦後復興期の「近代化論」について、「敗戦は日本『国民』にとって未曾有の出来事であり、強烈な屈辱感を国民にあたえたが、それは『むざんな失敗に帰した古い日本にかわる、新しいなにかを望む』ことを全面的に『肯』とする価値観への転換を意味していた」と述べました。

この近代化論を、一九九〇年代以降の日本的経営批判に置き換えてみましょう。

「第二の敗戦（バブル崩壊）は一九五五年以降の日本『国民』にとって未曾有の出来事であり、強烈な屈辱感を国民にあたえたが、それは『むざんな失敗に帰した古い日本的経営にかわる、新しいなにかを望む』ことを全面的に『肯』とする価値観への転換を意味していた」

そうです。

一九九〇年代以降の構造改革論、とりわけ日本的経営批判は、アメリカ占領下の日本において、丸山眞男、大塚久雄、川島武宜、桑原武夫らによって展開された「近代化論」の単なる焼き直しだったのです。そして、この「むざんな失敗に帰した古い日本的経営にかわる、新しいなにか」に当てはまるのが、まさにベンチャー企業だったのではないでしょうか。

この「近代化論」の復活について、これまで本書で取り上げてきたベンチャー・キャピタリストやコンサルタントたちの言説の中にたどってみましょう。

例えば、赤羽雄二氏は日本が他国でやっているような施策を押し通すことができないのは、「日本人は自分の頭で考え、発言し、行動できない、というまさにその問題だ」と断じています。「日本人は」とあるように、ここで彼は、図らずも日本人論を展開しております。「自分の頭で考え、発言し、行動できない」というのは、近代的な「個」が確立していないということですから、これこそまさに「近代化論」の典型と言えるでしょう。

第三章では、ベンチャー・キャピタリストの伊佐山元氏が、シリコンバレーでは「リスク」は、日本における「危なっかしい行為」というニュアンスではなく、「計算された行動」という意味合いが強いと述べていました。そこには、アメリカ人はリスクも計算できる合理主義者（それができない日本人は、合理主義が足りない）という含みがあります。

第四章の冒頭で、ジャーナリストの山田俊浩氏が、大企業の組織内部では「社長直轄だから」「実力専務のプロジェクトだから」といった「おかしな作用」が働くと述べていましたが、これなども「集団の中に埋没して順応する非合理主義的な日本人」という「近代化論」が影響しているように思われます。「（人材が）親方日の丸にしがみついている」という赤羽氏が抱く日本企業のイメージも同様です。

あるいは第五章では、コンサルタントの冨山和彦氏が「個」vs「共同体的な集団」、あるいは「アメリカのオープン・イノベーション」vs「日本企業のクローズドなシステム」という図式で語っていました。これなども、「近代化論」の偏見の典型と言えるでしょう。つまり、近代的なアメリカ企業は開かれており、近代的な「個」が確立しているのに対して、日本企業は閉鎖的で前近代的な遺制が残っている「共同体的な集団」なのであり、それゆえに後進的であり、改革しなければならない。そういうイメージです。

官僚たちが、民間企業に対してＲＯＥの改善を執拗に求めるのも、前近代的で共同体的な日本企業を啓蒙して、アメリカ流の客観的数値目標に基づく近代的な経営手法を指導してやろうという「近代化論」のメンタリティが強く働いているのではないでしょうか。まさに戦後復興期に、日本の官僚たちが民間企業に近代的な経営手法を指導したのと同じことをやろうとしているわけです。

こうして戦後日本の文化とアイデンティティを模索する道程は、半世紀ほど経って、結局、戦後復興期のスタート地点に戻ってしまったのでした。

もっとも、私はこうしたコンサルタント、ベンチャー・キャピタリスト、ジャーナリストあるいは官僚たちが丸山眞男、大塚久雄、川島武宜、桑原武夫といった近代化論者の著作に親しんで、強く影響されたとは思っていません。むしろ、彼らのほとんどは、丸山も大塚も川島も桑原も読んではいないのでしょう。

しかし、丸山や川島らの著作を直接読まなくとも、彼らが振りまいた「近代化論」は通俗化されて、一般の日本人の精神に深く深く食い込んでいたのではないでしょうか。そして、その通俗化された「近代化論」は、一九五五年に「もはや戦後ではない」と言われても、高度経済成長を遂げて世界有数の経済大国になったとしても、完全に払拭《ふっしょく》されずに、戦後日本人の精神の基底に脈々と流れてきたのです。

だから、たかだかバブルが崩壊し、不況になったというだけで、「第二の敗戦」だという騒ぎになり、そして敗戦直後の「近代化論」が「コーポレート・ガバナンス改革」という名で復活し、しかもそれが二〇年以上も続いてきたというわけです。その結果、日本はイノベーションが起きない国へと転落しつつあります。「近代化論」に染まった戦後日本人の精神が日本経済を衰退させている。恐ろしいことです。

本書で論じてきたベンチャー論の問題もまた、こうした戦後日本人の精神の歪みの現れなのです。本書の冒頭で、「これは根の深い問題だ」と述べたのは、そういう意味だったのです。

おわりに

ベンチャー企業とイノベーションについて、これまでの議論によって明らかになった事実を、五つのポイントに絞ってまとめるならば、次のようになります。

①アメリカはベンチャー企業の天国ではない。

・アメリカの開業率は下落し続けており、この三〇年間で半減している。

・一九九〇年代は、IT革命にもかかわらず、三〇歳以下の起業家の比率は低下ないしは停滞しており、特に二〇一〇年以降は激減している。

・一般的に、先進国よりも開発途上国の方が起業家の比率が高い傾向にある。例えば、生産年齢人口に占める起業家の比率は、ペルー、ウガンダ、エクアドル、ヴェネズエラはアメリカの二倍以上である。日本の開業率も、高度成長期には現在よりもはるかに高かった。

・アメリカの典型的なベンチャー企業は、イノベーティブなハイテク企業ではなく、パフォーマンスも良くない。起業家に多いのは若者よりも中年男性である。

・ベンチャー企業の平均寿命は五年以下である。うまく軌道にのるベンチャー企業は全体の三分の一程度である。

②アメリカのハイテク・ベンチャー企業を育てたのは、もっぱら政府の強力な軍事産業育成政策である。

・シリコンバレーは軍事産業の集積地である。

・アメリカ政府は、軍事産業の育成の一環として、ハイテク・ベンチャー企業に対して公的な資金の供給を行ってきた。

・ITはハイテク・ベンチャー企業の隆盛をもたらしたが、そのITは、インターネットをはじめとして、軍事産業から生まれたものである。

・ベンチャー・キャピタルというビジネス・モデルは、軍に由来する。

③イノベーションは、共同体的な組織や長期的に持続する人間関係から生まれる。

・イノベーションを起こすには、そのための資源動員を正当化する理由が必要になるが、そうした理由を共有できるのは、共同体的な組織や長期的に持続する人間関係でである。

・個人を活かすのは、共同体的な組織や長期的に持続する人間関係である。

・イノベーションの推進力となるのは、営利目的を超えた組織固有の価値観である。

・イノベーションを推進する最大・最強の組織は、国家である。

④アメリカは一九八〇年代以降の新自由主義的な改革により金融化やグローバル化が進んだ結果、この四〇年間、生産性は鈍化し、画期的なイノベーションが起きなくなる「大停滞」に陥っている。

・金融化は、企業の短期主義を助長し、長期的な研究開発投資を忌避する傾向を強めた。

・金融化により、ベンチャー・キャピタルは投機により短期的な利益を狙うようになり、もはやリスク・マネーを供給する主体ではなくなった。

・グローバリゼーションは、人材や技術のアウトソーシング（オフショアリング）に拍車をかけ、アメリカのイノベーションを生み出す力は空洞化した。

・オープン・イノベーションは、企業の短期主義の結果であり、イノベーションを阻害するように働く。

・短期的な利益追求はイノベーションを阻害する。にもかかわらず、アメリカのビジネス・スクールは、短期的な利益率の向上ばかりを教えている。
⑤日本は一九九〇年代以降、アメリカを模範とした「コーポレート・ガバナンス改革」を続けた結果、アメリカ経済と同様に、長期の停滞に陥っている。
・日本の「コーポレート・ガバナンス改革」は、アメリカのビジネススクールで洗脳された官僚たちが主導している。
・日本の「コーポレート・ガバナンス改革」は金融化やグローバル化を推進し、日本企業を短期主義的にする結果を招いている。
・「コーポレート・ガバナンス改革」によって、日本はイノベーションが起きない国へと転落する。
・一般に流布しているベンチャー企業論は、戦後復興期に丸山眞男、大塚久雄、川島武宜、桑原武夫といった知識人たちが広めた「近代化論」の焼き直しである。

以上が、ベンチャー企業とイノベーションについての「恐るべき実態」なのです。
ところで、私は、読者の方に起業をあきらめて欲しくて、このような「恐るべき実態」を暴露したわけではありません。

冒頭で述べたとおり、起業するのだとしても、少なくともベンチャー企業やイノベーションの実態については知っておくべきだと思うから、本書を書いたのです。この「恐るべき実態」を知った上で、それでもなお、やむにやまれぬベンチャー精神で起業を目指すというのであれば、それもまたよいでしょう。是非、声援を送りたいと思います。

そこで、どうしても起業したいという方のために、お役に立つかもしれない助言をして、本書を締めくくりたいと思います。

もしあなたが、ベンチャー企業の創業者になったら、「会社を大きくする」「利益率を高める」「業界ナンバーワンになる」あるいは「株式市場に上場する」とかではなく、「会社の寿命をできるだけ長くする」というのを会社の目標に掲げてはいかがでしょうか。あるいは、もっと大胆に「会社を老舗にしてみせる」という志を立ててはいかがでしょう。

なぜ、会社の長期存続を目標にすべきなのか。

本書で強調したように、イノベーションを殺す病の元凶は、短期主義にあります。だから、短期主義とは逆に、「長期主義」を企業目標に掲げるのが良いと思うのです。もっとも、会社をできるだけ長く存続させるというのは、決して守りに徹するということではありません。その反対に、常に先を読み、イノベーションの努力を怠らないようにしなければ、会社を存続させることはできません。

実際、百年あるいは二百年以上も続く老舗企業を調べると、硬直的で守旧的であるどころか、環境の変化に柔軟に対応し、イノベーションを起こし続けることで、生き延びてきたことが分かります。[102] 柔軟性と革新性がなければ、会社が百年以上も続くわけがありません。

また、老舗企業は、従業員や顧客との長い信頼関係を築いてきています。本書では、共同体的な組織や長期的な人間関係からイノベーションが生まれるということを繰り返し強調しましたが、それをまさに実践してきたのが老舗企業なのです。

したがって、老舗を目標に会社を経営すれば、目先の利益に安易にとらわれることなく、長期的な視点に立って、従業員を大切にし、顧客との信頼関係を大事にするようになり、ひいてはイノベーションを起こすことにも成功するのではないか。そう思うわけです。

ちなみに、日本には創業二百年以上の企業がおよそ三五〇〇社もあるそうで、これは世界でも突出して多いのだそうです。[103] 日本は、世界に冠たる老舗大国なのです。

ですから、日本で起業し、イノベーションを起こそうと考えている方には、「ではの守」のようにアメリカのベンチャー企業の幻を追いかけるのではなく、日本らしく「老舗の創業者になってみせる」という大きな夢を抱いてほしいと思います。

もし、「起業する」と言って辞めたかつての部下に再会することがあったら、そう助言するつもりです。

二〇一七年二月

中野剛志

参考文献（番号は本文注番号に対応）

1 http://ip-science.thomsonreuters.jp/press/release/2015/TOP100/

2 施光恒『英語化は愚民化――日本の国力が地に落ちる』（集英社新書、２０１５年）pp.175-176.

3 施（2015：pp.177-178）

4 https://www.whitehouse.gov/sites/default/files/page/files/20160414_cea_competition_issue_brief.pdf

5 http://www.wsj.com/articles/endangered-species-young-u-s-entrepreneurs-1420246116

6 https://www.cscollege.gov.sg/Knowledge/Documents/CGLEI24%20The%20Great%20Stagnation.pdf

7 服部茂幸『新自由主義の帰結――なぜ世界経済は停滞するのか』（岩波新書、２０１３年）pp.42-43.

8 Robert J. Gordon, 'Is US Economic Growth Over? Faltering Innovation Confronts the Six Headwinds,' *NBER Working Paper*, No.18315, 2012.

9 Robert J. Gordon, *The Rise and Fall of American Growth: The U.S. Standard of Living Since the Civil War*, Princeton University Press, 2016, p.625.

10 https://data.oecd.org/emp/self-employment-rate.htm

11 『中小企業白書２００２年度版』http://www.chusho.meti.go.jp/pamflet/hakusyo/H14/02-01-02-01.html

12 こうした研究成果をまとめたものとしては、岡田悟「我が国における企業活動の現状と政策対応――国際比較の観点から」（『レファレンス』２０１３年１月）p.31.

13 Ryan Decker, John Haltiwanger, Ron Jarmin and Javier Miranda, 'The Role of Entrepreneurship in US Job Creation and Economic Dynamism,' *Journal of Economic Perspective*, Vol.28 No.3, Summer 2014, p.21.

14 Thomas Heinrich, 'Cold War Armory: Military Contracting in Silicon Valley,' *Enterprise and Society*, Vol.3,

2, 2002, pp.247-284.

15 Linda Weiss, *America Inc.?: Innovation and Enterprise in the National Security State*, Cornell University Press, 2014, Ch.3.

16 William Lazonick and Mariana Mazzucato, 'The Risk-Reward Nexus in the Innovation-Inequality Relationship: Who Takes the Risks? Who Gets the Rewards?,' *Industrial and Corporate Change*, Summer 2013.

17 http://www.sfgate.com/bayarea/article/High-tech-culture-of-Silicon-Valley-originally-2500151.php

18 http://jp.reuters.com/article/yahoo-nsa-idJPKCN12500Z

19 チボー・エネトン「シリコンバレーと軍との親密な関係」ル・モンド・ディプロマティーク日本語・電子版２０１６年４月号。

20 https://www.cbinsights.com/blog/startup-death-data/

21 原丈人『増補　21世紀の国富論』（平凡社、２０１３年）pp.139-140.

22 原（2013: pp.62-63）

23 Diane Mulcahy, 'Six Myths About Venture Capitalists,' *Harvard Business Review*, May, 2013.

24 原（2013: p.63）

25 http://www.nikkei.com/article/DGXNASDZ16017_W4A510C1X120001/

26 武石彰・青島矢一・軽部大『イノベーションの理由』（有斐閣、２０１２年）

27 ジョン・メイナード・ケインズ『雇用・利子および貨幣の一般理論』（東洋経済新報社、１９９５年）pp.159-160.

28 ケインズ（1995: pp.160-161）

29 Joseph A. Schumpeter, *The Theory of Economic Development*, Transaction Publishers, 2008, p.85.
30 ロナルド・ドーア『金融が乗っ取る世界経済』（中公新書、２０１１年）p.59.
31 http://jp.reuters.com/article/l3n0h9132-analysis-silicon-valley-idJPTYE98D00D20130914
32 http://www.nikkei. com/artic1e/DGXNASDZ16017_W4A510C1X120001/
33 荻生徂来『政談』（岩波文庫、１９８７年）p.214.
34 荻生（1987: p.217）
35 http://toyokeizai.net/articles/-/81418　誤記と思われる個所および表記を一部修正。
36 武石他（2012）
37 武石他　（2012: pp.164-169）
38 マイケル・L・ダートウゾス、リチャード・K・レスター、ロバート・M・ソロー『Made in America
――アメリカ再生のための米日欧産業比較』（草思社、１９９０年）pp.104-105.
39 武石他　（2012: p.70）
40 武石他（2012: pp.169-171）
41 武石他（2012: p.174）
42 AnnaLee Saxenian, 'Inside-Out: Regional Networks and Industrial Adaptation in Silicon Valley and Route 128,' *Regional Networks and Industrial Adaptation*, Vol.2, No.2, May 1996.
43 武石他（2012: p.175）
44 Mariana Mazzucato, *The Entrepreneurial State: Debunking Public vs. Private Sector Myths*, Anthem Press, 2014, p.59.
45 Mazzucato（2014: p.3）

46 http://www.worksight.jp/issues/297.html
47 http://www.worksight.jp/issues/299.html
48 延岡健太郎「オープン・イノベーションの陥穽――価値づくりにおける問題点」（『研究 技術 計画』Vol 25、No.１、２０１０年）pp.68-77.
49 http://www.worksight.jp/issues/299.html
50 延岡（2010: p.69）
51 田中辰雄『モジュール化の終焉――統合への回帰』（ＮＴＴ出版、２００９年）pp.18-19.
52 西野和美「クローズド・オープン・イノベーションのすすめ」、伊丹敬之・東京理科大学ＭＯＴ研究会編著『技術経営の常識のウソ』（日本経済新聞出版社、２０１０年）
53 延岡（2010: pp.76-77）
54 西野（2010: p.40）
55 小池和男『なぜ日本企業は強みを捨てるのか――長期の競争vs.短期の競争』（日本経済新聞社、２０１５年）
56 小池（2015: pp.131-133）
57 野中郁次郎・竹内弘高『知識創造企業』（東洋経済新報社、１９９６年）p.9.
58 野中・竹内（1996: pp.11-12）
59 野中・竹内（1996: p.12）
60 野中・竹内（1996: p.12）
61 新貝康司『ＪＴのＭ＆Ａ――日本企業が世界企業に飛躍する教科書』（日経ＢＰ社、２０１５年）
62 https://www.federalreserve.gov/econresdata/feds/2016/files/2016082pap.pdf

63 新貝（2015: p.172）

64 小池（2015: p.139）

65 田中（2009: pp.66-70）

66 小池（2015: p.9）

67 田中（2009: p.36）

68 William Lazonick, 'Evolution of the New Economic Business Model,' *Business and Economic History On Line*, Vol.3, 2005.

69 https://hbr.org/2014/09/profits-without-prosperity

70 Fred Block and Matthew Keller, 'Where Do Innovations Come From?: Transformations in the U.S. Economy, 1970-2006,' *Working Papers in Technology Governance and Economic Dynamics*, No.35, May 2011.

71 吉成真由美編『知の逆転』（ＮＨＫ出版新書、２０１２年）pp.181-183.

72 Alan S.Blinder, 'Offshoring: The Next Industrial Revolution?' *Foreign Affairs*, Vol.85, No.2, 2007, pp.113-128.

73 例えば、Ann Harrison and Margaret McMillan, 'Offshoring, International Trade, and American Worker,' *NBER Reporter* No.4, 2011; Avraham Ebenstein, Ann Harrison and Margaret McMillan, 'Why Are American Workers Getting Poorer?: China, Trade and Offshoring,' *NBER Working Paper* No. 21027, 2015.

74 Gordon（2016: p. 604）

75 Paul Davidson, *The Keynes Solution: The Path to Global Economic Prosperity*, Palgrave Macmillan, 2009, p.113.

76 Weiss（2014: Ch.9）

77 Steve Denning, 'Clayton Christensen: How Pursuit of Profit Kills Innovation and the U.S. Economy,' *Forbes*, Nov.18, 2011.
78 原（2013: pp.71-72）
79 サイモン・ジョンソン、ジェームス・クワック『国家対巨大銀行』（ダイヤモンド社、２０１１年）pp.79, 113.
80 http://www.bis.org/publ/work381.pdf
81 Fredrik Erixon and Björn Weigel, *The Innovation Illusion: How So Little Is Created by So Many Working So Hard*, Yale University Press, 2016.
82 原（2013: p.62）
83 小池（2015: pp.12-13）
84 Lazonick and Mazzucato（2013）
85 Michael E. Porter, 'Capital Disadvantage: America's Failing Capital Investment System,' *Harvard Business Review*, September-October, 1992.
86 Dominic Barton, 'Capitalism for the Long Term,' *Harvard Business Review*, March, 2011.
87 https://www.boj.or.jp/research/wps_rev/wps_2009/data/wp09j05.pdf
88 http://www.mhlw.go.jp/wp/hakusyo/roudou/15/dl/15-1-2_01.pdf
89 服部（2013: pp.28-32）
90 ロナルド・ドーア『幻滅 ── 外国人社会学者が見た戦後日本70年』（藤原書店、２０１４年）pp.169-170.
91 https://www.ft.com/content/47216622-f2fa-11e3-85cd-00144feabdc0

92 手島直樹『ＲＯＥが奪う競争力――「ファイナンス理論」の誤解が経営を壊す』（日本経済新聞出版社、２０１５年）pp.32-33.
93 原（2013: pp.74-75）
94 http://www.nikkei.com/article/DGXLASGD14H7R_Y6A011C1MM8000/
95 高橋伸夫『虚妄の成果主義――日本型年功制復活のススメ』（ちくま文庫、２０１０年）pp.70-72.
96 野中・竹内（1996: p.370）
97 伊丹敬之「日本の技術経営の常識のウソ」、伊丹・東京理科大学ＭＯＴ研究会（2010: p.10）
98 古城佳子「国際政治と日本の規制緩和、構造改革――国際政治の変化と外圧」、寺西重郎編『バブル／デフレ期の日本経済と経済政策、第７巻「構造問題と規制緩和」』（内閣府経済社会総合研究所、２０１０年）pp.61-62. http://www.esri.go.jp/jp/others/kanko_sbubble/analysis_07.html
99 宮崎義一『複合不況――ポスト・バブルの処方箋を求めて』（中公新書、１９９２年）、翁邦雄・白川方明・白塚重典「資産価格バブルと金融政策――１９８０年代後半の日本の経験とその教訓」（金融研究、２０００年12月）
100 青木保『「日本文化論」の変容――戦後日本の文化とアイデンティティー』（中公文庫、１９９９年）p.62.
101 青木（1999: p.87）
102 横澤利昌編著『老舗企業の研究［改訂新版］――一〇〇年企業に学ぶ革新と創造の連続』（生産性出版、２０１２年）第七章。
103 日本経済新聞社編『２００年企業』（日経ビジネス人文庫、２０１０年）p.6.

N.D.C.335　248p　18cm
ISBN978-4-06-288425-9

講談社現代新書　2425

真説《しんせつ》・企業論《きぎょうろん》　ビジネススクールが教《おし》えない経営学《けいえいがく》

二〇一七年五月一六日第一刷発行　二〇二二年七月一九日第三刷発行

著　者　中野剛志《なかのたけし》　©Takeshi Nakano 2017

発行者　鈴木章一

発行所　株式会社講談社
東京都文京区音羽二丁目一二—二一　郵便番号一一二—八〇〇一

電　話　〇三—五三九五—三五二一　編集（現代新書）
〇三—五三九五—四四一五　販売
〇三—五三九五—三六一五　業務

装幀者　中島英樹

印刷所　株式会社ＫＰＳプロダクツ

製本所　株式会社国宝社

定価はカバーに表示してあります　Printed in Japan

「講談社現代新書」の刊行にあたって

教養は万人が身をもって養い創造すべきものであって、一部の専門家の占有物として、ただ一方的に人々の手もとに配布され伝達されうるものではありません。

しかし、不幸にしてわが国の現状では、教養の重要な養いとなるべき書物は、ほとんど講壇からの天下りや単なる解説に終始し、知識技術を真剣に希求する青少年・学生・一般民衆の根本的な疑問や興味は、けっして十分に答えられ、解きほぐされ、手引きされることがありません。万人の内奥から発した真正の教養への芽ばえが、こうして放置され、むなしく滅びさる運命にゆだねられているのです。

このことは、中・高校だけで教育をおわる人々の成長をはばんでいるだけでなく、大学に進んだり、インテリと目されたりする人々の精神力の健康さえもむしばみ、わが国の文化の実質をまことに脆弱なものにしています。単なる博識以上の根強い思索力・判断力、および確かな技術にささえられた教養を必要とする日本の将来にとって、これは真剣に憂慮されなければならない事態であるといわなければなりません。

わたしたちの「講談社現代新書」は、この事態の克服を意図して計画されたものです。これによってわたしたちは、講壇からの天下りでもなく、単なる解説書でもない、もっぱら万人の魂に生ずる初発的かつ根本的な問題をとらえ、掘り起こし、手引きし、しかも最新の知識への展望を万人に確立させる書物を、新しく世の中に送り出したいと念願しています。

わたしたちは、創業以来民衆を対象とする啓蒙の仕事に専心してきた講談社にとって、これこそもっともふさわしい課題であり、伝統ある出版社としての義務でもあると考えているのです。

一九六四年四月　野間省一

政治・社会

1145 冤罪はこうして作られる　小田中聰樹
1201 情報操作のトリック　川上和久
1488 日本の公安警察——青木理
1540 戦争を記憶する——藤原帰一
1742 教育と国家——高橋哲哉
1965 創価学会の研究——玉野和志
1969 若者のための政治マニュアル——山口二郎
1977 天皇陛下の全仕事——山本雅人
1978 思考停止社会——郷原信郎
1985 日米同盟の正体——孫崎享
2053 〈中東〉の考え方——酒井啓子
2059 消費税のカラクリ——斎藤貴男

2068 財政危機と社会保障——鈴木亘
2073 リスクに背を向ける日本人　山岸俊男　メアリー・C・ブリントン
2079 認知症と長寿社会——信濃毎日新聞取材班
2110 原発報道とメディア——武田徹
2112 原発社会からの離脱　宮台真司　飯田哲也
2115 国力とは何か——中野剛志
2117 未曾有と想定外——畑村洋太郎
2123 中国社会の見えない掟　加藤隆則
2130 ケインズとハイエク　松原隆一郎
2135 弱者の居場所がない社会　阿部彩
2138 超高齢社会の基礎知識　鈴木隆雄
2149 不愉快な現実——孫崎享
2152 鉄道と国家——小牟田哲彦

2176 JAL再建の真実——町田徹
2181 日本を滅ぼす消費税増税——菊池英博
2183 死刑と正義——森炎
2186 民法はおもしろい——池田真朗
2197 「反日」中国の真実——加藤隆則
2203 ビッグデータの覇者たち——海部美知
2232 やさしさをまとった殲滅の時代　堀井憲一郎
2246 愛と暴力の戦後とその後——赤坂真理
2247 国際メディア情報戦——高木徹
2276 ジャーナリズムの現場から　大鹿靖明 編著
2294 安倍官邸の正体——田﨑史郎
2295 福島第一原発事故 7つの謎　NHKスペシャル『メルトダウン』取材班
2297 ニッポンの裁判——瀬木比呂志

経済・ビジネス

350 経済学はむずかしくない〈第2版〉──都留重人
1596 失敗を生かす仕事術 畑村洋太郎
1624 企業を高めるブランド戦略──田中洋
1641 ゼロからわかる経済の基本──野口旭
1656 コーチングの技術──菅原裕子
1695 世界を制した中小企業 黒崎誠
1926 不機嫌な職場──高橋克徳 河合太介 永田稔 渡部幹
1992 経済成長という病──平川克美
1997 日本の雇用──大久保幸夫
2010 日本銀行は信用できるか 岩田規久男
2016 職場は感情で変わる 高橋克徳
2036 決算書はここだけ読め!──前川修満
2061 「いい会社」とは何か 小野泉 古野庸一
2064 決算書はここだけ読め! キャッシュ・フロー計算書編 前川修満
2078 電子マネー革命──伊藤亜紀
2087 財界の正体──川北隆雄
2091 デフレと超円高──岩田規久男
2125 ビジネスマンのための「行動観察」入門 松波晴人
2128 日本経済の奇妙な常識 吉本佳生
2148 経済成長神話の終わり アンドリュー・J・サター 中村起子 訳
2151 勝つための経営──畑村洋太郎 吉川良三
2163 空洞化のウソ──松島大輔
2171 経済学の犯罪──佐伯啓思
2174 二つの「競争」──井上義朗
2178 経済学の思考法──小島寛之
2184 中国共産党の経済政策 柴田聡 長谷川貴弘
2205 日本の景気は賃金が決める 吉本佳生
2218 会社を変える分析の力 河本薫
2229 ビジネスをつくる仕事 小林敬幸
2235 20代のための「キャリア」と「仕事」入門──塩野誠
2236 部長の資格──米田巖
2240 会社を変える会議の力 杉野幹人
2242 孤独な日銀──白川浩道
2252 銀行問題の核心──江上剛 郷原信郎
2261 変わった世界 変わらない日本──野口悠紀雄
2267 「失敗」の経済政策史 川北隆雄
2300 世界に冠たる中小企業 黒崎誠
2303 「タレント」の時代──酒井崇男

世界の言語・文化・地理

958 英語の歴史——中尾俊夫
987 はじめての中国語——相原茂
1025 J・S・バッハ——礒山雅
1073 はじめてのドイツ語 福本義憲
1111 ヴェネツィア——陣内秀信
1183 はじめてのスペイン語 東谷穎人
1353 はじめてのラテン語 大西英文
1396 はじめてのイタリア語 郡史郎
1446 南イタリアへ！——陣内秀信
1701 はじめての言語学 黒田龍之助
1753 中国語はおもしろい 新井一二三
1949 見えないアメリカ——渡辺将人
1959 世界の言語入門——黒田龍之助
2052 なぜフランスでは子どもが増えるのか 中島さおり
2081 はじめてのポルトガル語 浜岡究
2086 英語と日本語のあいだ 菅原克也
2104 国際共通語としての英語 鳥飼玖美子
2107 野生哲学——管啓次郎 小池桂一
2108 現代中国「解体」新書——梁過
2158 一生モノの英文法——澤井康佑
2227 アメリカ・メディア・ウォーズ——大治朋子
2228 フランス文学と愛——野崎歓

日本史

1258 身分差別社会の真実——斎藤洋一 大石慎三郎
1265 七三一部隊——常石敬一
1292 日光東照宮の謎——高藤晴俊
1322 藤原氏千年——朧谷寿
1379 白村江——遠山美都男
1394 参勤交代——山本博文
1414 謎とき日本近現代史 野島博之
1599 戦争の日本近現代史 加藤陽子
1648 天皇と日本の起源 遠山美都男
1680 鉄道ひとつばなし——原武史
1702 日本史の考え方——石川晶康
1707 参謀本部と陸軍大学校 黒野耐

1797 「特攻」と日本人——保阪正康
1885 鉄道ひとつばなし2——原武史
1900 日中戦争——小林英夫
1918 日本人はなぜキツネにだまされなくなったのか 内山節
1924 東京裁判——日暮吉延
1931 幕臣たちの明治維新 安藤優一郎
1971 歴史と外交——東郷和彦
1982 皇軍兵士の日常生活 一ノ瀬俊也
2031 明治維新 1858-1881 坂野潤治 大野健一
2040 中世を道から読む——齋藤慎一
2089 占いと中世人——菅原正子
2095 鉄道ひとつばなし3——原武史
2098 戦前昭和の社会 1926-1945——井上寿一

2106 戦国誕生——渡邊大門
2109 「神道」の虚像と実像 井上寛司
2152 鉄道と国家——小牟田哲彦
2154 邪馬台国をとらえなおす——大塚初重
2190 戦前日本の安全保障——川田稔
2192 江戸の小判ゲーム——山室恭子
2196 藤原道長の日常生活 倉本一宏
2202 西郷隆盛と明治維新 坂野潤治
2248 城を攻める 城を守る——伊東潤
2272 昭和陸軍全史1——川田稔
2278 織田信長〈天下人〉の実像 金子拓
2284 ヌードと愛国——池川玲子
2299 日本海軍と政治——手嶋泰伸

世界史Ⅰ

世界史Ⅱ